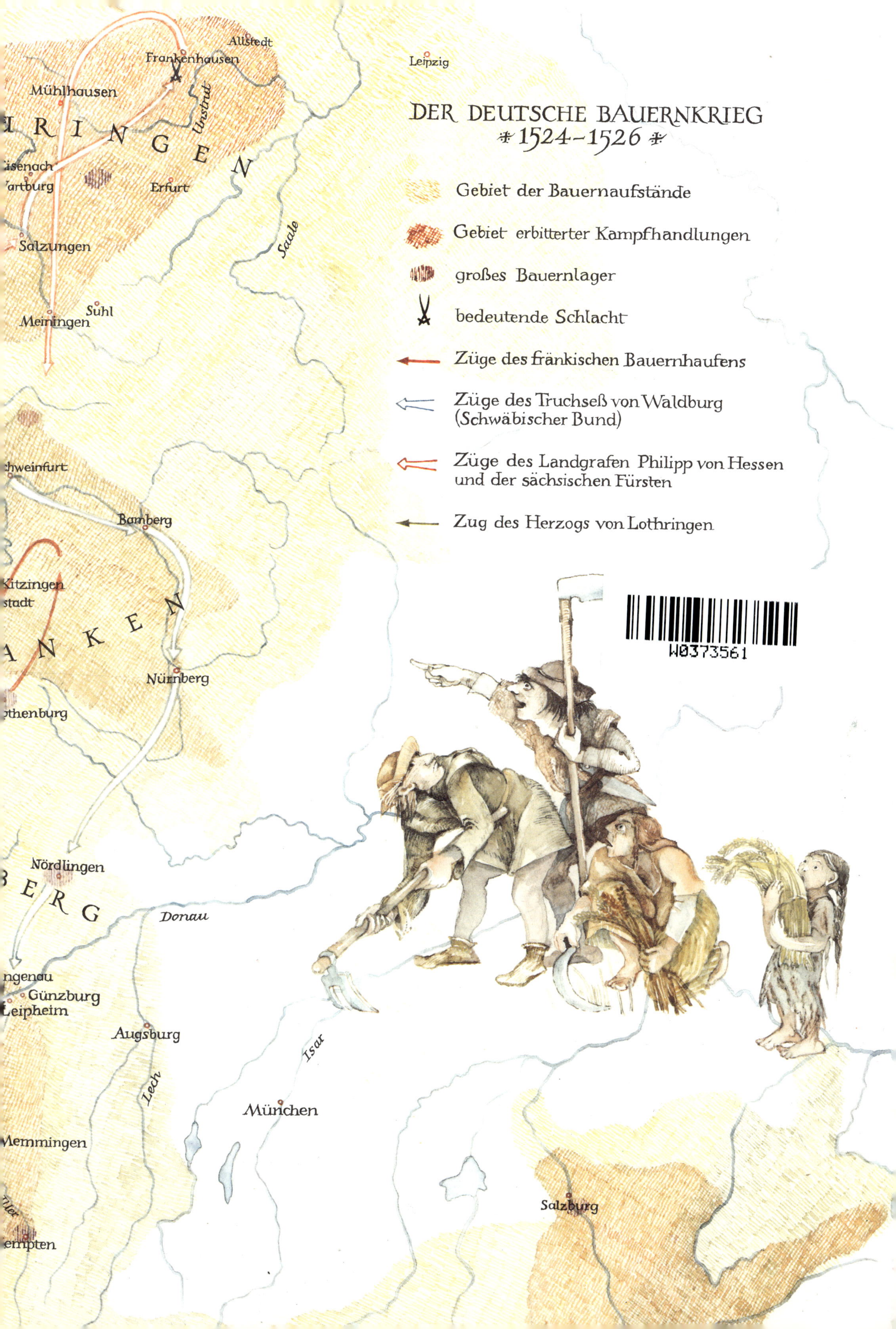
DER DEUTSCHE BAUERNKRIEG
1524–1526
Gebiet der Bauernaufstände
Gebiet erbitterter Kampfhandlungen
großes Bauernlager
bedeutende Schlacht
Züge des fränkischen Bauernhaufens
Züge des Truchseß von Waldburg (Schwäbischer Bund)
Züge des Landgrafen Philipp von Hessen und der sächsischen Fürsten
Zug des Herzogs von Lothringen
Allstedt
Frankenhausen
Leipzig
Mühlhausen
Unstrut
Erfurt
Saale
Salzungen
Suhl
Meiningen
Bamberg
Kitzingen
Nürnberg
Nördlingen
Donau
Günzburg
Leipheim
Augsburg
Lech
Isar
München
Memmingen
Salzburg

Manfred Mai
Der deutsche Bauernkrieg

Manfred Mai

DER DEUTSCHE BAUERNKRIEG

Illustrationen von
Gabriele Hafermaas

Otto Maier Ravensburg

Die Deutsche Bibliothek - CIP-Einheitsaufnahme

Mai, Manfred:
Der deutsche Bauernkrieg / Manfred Mai.
Ill. von Gabriele Hafermaas. -
Ravensburg: Maier, 1992
ISBN 3-473-35634-4
NE: Hafermaas, Gabriele [Ill.]

5 4 3 2 1 96 95 94 93 92

Printed in Germany
ISBN 3-473-35634-4

Illustrationen und Umschlagentwurf:
Gabriele Hafermaas
Layout:
Claudia von Velsen, Andrea Prontnicki
Fachberatung:
Detlef Schmitt-Rappelt, Dr. Günter Scholz

INHALT

EIN HARTER ARBEITSTAG

Mit dem ersten Hahnenschrei wurde Martin wach. Er reckte und streckte sich auf seinem Strohsack, schloß die Augen noch einmal und wollte sich umdrehen.
„Nichts da!“ Der Vater stieß ihn mit dem Fuß an. „Aufstehen! Und du auch“, sagte er zu Martins Schwester Anna.
Die beiden standen auf und rieben sich den Schlaf aus den Augen. Die Mutter stellte eine Schüssel mit Haferbrei auf den Tisch. Martin und Anna setzten sich auf die Holzbank und löffelten den Brei aus der Schüssel. Auch der Vater aß von dem Brei.
„Genug jetzt“, sagte er schließlich. „Wir müssen an die Arbeit.“
Er holte die Kuh aus dem Stall und führte sie zum nahen Acker. Martin und Anna trugen einen Korb mit Rübensetzlingen hinterher. Der Morgen war frisch. Tau lag auf dem Gras. Martin und Anna spürten die feuchte Kühle unter ihren nackten Füßen.
Auf dem Acker spannte der Vater die Kuh vor den Pflug und drückte die Pflugschar in den Boden. Martin mußte die Kuh führen, damit die Furchen gerade wurden. Anna steckte die Setzlinge in die Furchen und bedeckte sie mit Erde.
„Hüh!“ rief der Vater, dem die Kuh zu langsam zog. „Du sollst die Kuh führen, nicht bremsen, du Nichtsnutz!“
Martin schlug die Kuh mit einem Stecken. Aber die Kuh konnte den Pflug nicht schneller ziehen. Sie war trächtig und würde bald kalben. Als sie etwa die Hälfte der Arbeit geschafft hatten, blieb die Kuh stehen.
„Hüh!“ rief Martin und zerrte am Kopfstrick. Aber die Kuh machte keinen Schritt mehr.
Der Vater ließ den Pflug los. „Was ist jetzt schon wieder?“ schimpfte er. Er riß Martin den Stecken aus der Hand und schlug damit auf die Kuh ein. „Hüh! Willst du wohl ziehen, du faules Stück!“
Die Beine der Kuh knickten ein, sie sackte zu Boden. Martin trat mit dem Fuß gegen ihren prallen Leib. „Auf!“
Der Vater stieß Martin zurück. „Schluß! Die kann nicht mehr.“ Er hieb mit dem Stecken so über einen Stein, daß Martin und Anna zusammenzuckten. „Lauf und hol die Mutter!“ befahl der Vater Anna.
Anna lief so schnell sie konnte. Der Vater und Martin spannten die Kuh aus und trugen den Pflug an ihr vorbei. Dann legte der Vater Martin einen Strick über Schulter und Brust und band sich selbst den anderen um. „Wenn die Kuh nicht mehr ziehen kann, müssen wir anschirren!“

Kühe müssen Wagen und Pflüge ziehen.

Martin erschrak – und nickte.
Anna kam mit Mutter angelaufen.
„Gerechter Gott!" rief die Mutter.
„Nimm den Pflug", sagte der Vater.
„Aber das ist doch ..."
„Die Rüben müssen heute noch gesetzt werden", schnitt ihr der Vater das Wort ab. „Morgen und übermorgen muß ich für den Herrn arbeiten."
Die Mutter seufzte und stellte sich hinter den Pflug. Der Vater und Martin hängten sich mit ganzer Kraft in die Stricke und zogen den Pflug vorwärts.
Als die Sonne schon hoch am Himmel stand und Martin sich noch einmal mit letzter Kraft bis zum Ende des Ackers geschleppt hatte, blieb der Vater stehen. Auch er atmete schwer. „Zeit fürs Vesper", sagte er. Die Mutter holte Brot und Käse und sogar ein Stück Speck. Anna lief zum Bach und holte Wasser. Sie gab dem Vater den Krug. Der reichte ihn Martin und ließ ihn zuerst trinken. Das hatte er noch nie getan, und Martin war richtig stolz. Er fühlte sich wie ein Mann, obwohl er erst dreizehn war.

Während sie aßen und tranken, hörte Anna Hundegebell und Hufschlag.
„Die Herren jagen wieder", rief sie.
„Wenn sie nur nicht ..." Die Mutter brach den Satz ab, denn schon sah sie zwei Hirsche um ihr Leben rennen, dicht gefolgt von bellenden Hunden und den Reitern. Und alle kamen genau auf ihren Acker zu.
„Nein!" rief sie und schlug die Hände vors Gesicht. Der Vater ballte die Fäuste und stieß einen Fluch aus. Martin sah die Hirsche und Hunde über den so mühsam, ja qualvoll gepflügten Acker jagen, und er sah die vielen Reiter heranpreschen. Plötzlich sprang er auf und stellte sich ihnen in den Weg. Ein Pferd scheute und warf beinahe seinen Reiter aus dem Sattel. Ein zweiter Reiter versetzte Martin einen Fußtritt, daß der zu Boden taumelte. „Aus dem Weg, Bauernlümmel!" Dann ritten alle schnell weiter. Die Pferdehufe zertrampelten viele Rübensetzlinge oder wirbelten sie durch die Luft.
Der Vater trug Martin aus dem Acker und legte ihn auf die Wiese. „Dummer Bub", sagte er. „Du kannst dich den Herren doch nicht in den Weg stellen."
„Aber die Rüben", stöhnte Martin und richtete sich langsam auf.
Die Mutter gab ihm Wasser zu trinken. Anna strich ihm liebevoll übers Gesicht.
„Tut's weh?"
Martin schüttelte den Kopf. „Nicht arg."
„Dann müssen wir ..." Der Vater drehte sich um – die Reiter kamen zurück.
Die Mutter fing an zu beten. Anna drückte sich fest an Martin.
Die Herren zügelten ihre Pferde. „Her mit dem Lümmel!"
„Herr", sagte der Vater, „wir haben die Rüben heute morgen gesetzt ..."
Da zischte die Reitpeitsche des Herrn nieder und zog einen roten Striemen über das Gesicht des Vaters. „Habe ich dich nach deiner Meinung gefragt?" Der Herr sah Martin an. „Steh auf!"
Anna wollte ihren Bruder nicht loslassen. Nun fetzte die Reitpeitsche auf ihren Rücken. Martin stand schnell auf.
„Wegen dir sind uns die Hirsche entkommen", sagte der Herr und zog die Peitsche

über Martins Gesicht. „Ich sollte dir dafür die Augen ausstechen lassen."
Die Mutter fiel vor dem Herrn auf die Knie. „Erbarmen, Herr, habt Erbarmen. Er ist doch noch ein Kind."
„Ein Kind?" Der Herr lachte bitter. „Ein verdammter, aufsässiger Bursche ist das, der die schlimmste Strafe verdient hat. Aber damit ihr seht, wie gut ihr es bei mir habt, bekommt er nur zehn Hiebe mit der Peitsche."
Er winkte zwei Männer zu sich. Die packten Martin, rissen ihm sein Leinenhemd vom Leib, banden ihn an einen Baum und peitschten ihn aus. Der Vater, die Mutter und Anna mußten zusehen. Martin stöhnte vor Schmerz und biß sich die Lippen blutig. Aber er schrie und weinte nicht.
„Das soll dir und euch allen eine Lehre sein", sagte der Herr. Dann gab er seinem Rappen die Sporen und ritt mit seinem Gefolge davon.
Der Vater schnitt die Fesseln auf, und Martin sackte zusammen. Die Mutter kühlte Martins geschundenen Rücken mit einem nassen Tuch.
„Da haben wir noch einmal Glück gehabt", sagte der Vater.
Die Mutter nickte. „Dem Vater im Himmel sei Dank!"
„Glück?" Martin biß vor Schmerz und Wut ins Gras. Dann drehte er sich langsam um. „Glück?" fragte er noch einmal. „Die ganze Arbeit war umsonst. Alles haben sie zerstört. Und wir müssen uns vom Herrn auch noch schlagen lassen. Nein, das ist kein Glück, das ist Unrecht!"
„Sei still, Junge!" sagte der Vater scharf. Martin schwieg. Aber er schwor sich, dieses Unrecht nicht länger zu erdulden.

Das ist eine erfundene Geschichte, und trotzdem ist sie wahr. Denn solche Dinge waren vor fünfhundert Jahren sehr oft möglich.
Was war das für eine Zeit, als Bauern so von ihren Herren geschunden und gedemütigt wurden?

Vater und Sohn schleppen sich mit dem Pflug über das Feld.

Nordsee
Ostsee
Elbe
Oder
Berlin
SCHLESIEN
FLANDERN
Köln
Dresden
HEILIGES RÖMISCHES REICH
Mainz
LOTHRINGEN
Rhein
Nürnburg
Straßburg
Donau
Wien
Augsburg
BURGUND
DEUTSCHER NATION
Rhone
Po
OBERITALIEN
Mittelmeer

SO LEBTEN DIE BAUERN UM 1500

Um 1500 erstreckte sich das „Heilige Römische Reich Deutscher Nation“ von Flandern, Lothringen und Burgund im Westen bis Schlesien im Osten und von der Nordsee bis nach Oberitalien. Etwa fünfzehn Millionen Menschen lebten in diesem Reich, davon nur knapp ein Viertel in Städten.
Mit rund 35 000 Einwohnern war Köln die größte Stadt des Reiches. Nürnberg, Augsburg, Straßburg und Wien hatten etwa 25 000, Dresden, Berlin und Mainz etwa 5 000 Einwohner.
Die meisten Menschen lebten auf dem Land. Ob auf dem Land oder in der Stadt – im Mittelalter gehörten alle Menschen verschiedenen Ständen an. Man glaubte damals, daß Gott dies so vorgesehen hätte. Welchen Rang ein Mensch hatte, war schon mit seiner Geburt entschieden. Und es war sehr schwierig, von einem Stand in den anderen zu wechseln. Das Standesdenken war stark ausgeprägt.
Die verschiedenen Stände unterschieden sich nicht nur in ihrem Ansehen und ihrem Vermögen, sondern auch in ihrer Kleidung voneinander. Man kleidete sich „an-ständig“, also so, wie es nach festgelegten Regeln für die einzelnen Stände vorgeschrieben war. Den Bäuerinnen war es zum Beispiel verboten, enganliegende, ausgeschnittene Kleider, Pelze, aufwendige Stickereien oder teuren Schmuck zu tragen, auch wenn sie es sich leisten konnten. Diese Dinge waren adeligen Damen und reichen Bürgerinnen vorbehalten.
Jeder Stand hatte auch seine Musik: Mönche und Geistliche pflegten den Kirchengesang, Adelige lauschten Spielleuten und Minnesängern, und der „gemeine Mann“, wie die einfachen Leute genannt wurden, liebte lautes Gedudel und Gefiedel.

DIE GESELLSCHAFTSORDNUNG

Welche Stände es gab und wie die Menschen damals lebten, schildert ein Mann aus dieser Zeit so:
„Germania hat viererlei Völker und vornehme Stände. Zuerst Geistliche; Pfaffen und Mönche. Müßige, ehelose, niemand nütze Leute, die wenig studieren und ihre Zeit mit Spielen, Essen, Trinken und schönen Frauen hinbringen. Niemand darf sie wegen irgendeiner Sache weder strafen noch vor Gericht ziehen oder antasten, außer ihrer Obrigkeit, der Bischof und der Papst.
Der andere Stand sind die Adeligen, die aus Gottes Ordnung recht edel, eine Furcht und Rute der Bösen und eine Zuflucht der Frommen sein sollten. Sie, die die Witwen und Waisen beschützen müßten, die schinden und schaben sie selbst. Sie reißen mit Gewalt an sich, was sie können, und man muß vor ihnen auf der Hut sein. Sie arbeiten nicht, sondern jagen, saufen, prassen, spielen. Sie leben von Renten und Zinsen im Überfluß. Sie halten köstlich haus mit vielerlei Gesinde, Hörigen, Pferden, Hunden und Gepränge.
Der dritte Stand ist die Bürgerschaft oder die Stadtleute. Ihr Gewerbe ist mancherlei; sie sind kunstbegabt, obwohl sie früher ein ungeschicktes, wildes, ungezähmtes, kriegsgieriges Volk waren.
Das Volk der Bauern und Hirten ist der vierte Stand, deren Behausung, Leben, Kleidung, Speise man wohl kennt. Ein sehr arbeitsames Volk, das mit Füßen getreten wird und mit Fronen, Zwangsdiensten, Zinsen, Steuern und Zöllen hart beschwert und überladen ist.“

Zu den Arbeiten der Bauern auf den Feldern und in den Gärten, bei den Tieren und im Wald gehören auch die Frondienste, die sie für die Herren zu leisten haben. Dazu zählen unter anderem der Bau von Straßen, Brücken und Zäunen oder die Mitarbeit am Bau von Burgen und Schlössern.

DER „VIERTE" STAND

Zur Zeit Karls des Großen, um 800, besaßen noch viele Bauern eigenes Land. Sie waren frei und hatten das Recht, Waffen zu tragen. Aber sie waren verpflichtet, mit dem König in den Krieg zu ziehen. Karl der Große führte viele Kriege, und oft waren die Bauern mehrere Jahre hintereinander nicht zu Hause, wenn es Zeit gewesen wäre zu säen oder zu ernten. Und viele von ihnen wurden in den Kriegen getötet. So verwahrlosten und zerfielen zahlreiche Höfe. Hungersnöte waren die Folge.

HÖRIGE BAUERN

Um der Kriegspflicht zu entgehen, unterstellten sich freie Bauern den Adeligen, Bischöfen und Klöstern. Diese übernahmen für ihre Bauern die Kriegspflicht, indem sie Geld an den König bezahlten. Sie schützten sie auch vor den Überfällen von Raubrittern und unterstützten sie in Notzeiten. Das taten die neuen Herren natürlich nicht umsonst. Die Bauern mußten ihnen dafür ihren Besitz übergeben. Zwar durften sie das Land weiter bewirtschaften, mußten aber jedes Jahr einen Teil der Ernte und regelmäßig Käse, Milch, Wein, Eier und Vieh abliefern.

Außerdem leisteten die Bauern Frondienste: Sie mußten unentgeltlich auf den Wiesen und Feldern der Herren mitarbeiten, mußten Zäune errichten, Wege anlegen, Brücken bauen und natürlich beim Bau der Burgen und Schlösser mithelfen. Die Bauern gaben also nicht nur ihr Eigentum ab, sie verloren auch ein Stück Freiheit. Die Herren wurden zu Grundherren der Bauern, die Bauern waren nun Hörige.
Die Befreiung von der Kriegspflicht und das Schutzbedürfnis waren jedoch nicht die einzigen Gründe, auf Besitz und Freiheit zu verzichten. Viele Bauern waren nämlich nach Mißernten so hoch bei den Herren verschuldet, daß sie ihren Besitz an diese abtreten mußten, denn sie konnten ihre Abgaben nicht entrichten.
Doch der Grundherr durfte die Hörigen nicht vom Hof vertreiben oder verkaufen, denn sie waren nicht sein Eigentum. Deshalb konnten hörige Bauern den Hof an ihre Kinder vererben.

LEIBEIGENE BAUERN

Neben der Grundherrschaft gab es eine noch drückendere Form der Abhängigkeit: die Leibeigenschaft. Die leibeigenen Bauern gehörten dem Leibherrn mit Haut und Haar.

Leibeigene waren völlig rechtlos und wurden nicht besser behandelt als das Vieh. Sie lebten zum Teil als Knechte oder Mägde am Hof ihres Leibherrn, zum Teil bewirtschafteten sie ein Stück Land, das er ihnen zur Nutzung überlassen hatte. Dafür mußten die Leibeigenen Abgaben zahlen und zu jeder Zeit zu allen Diensten zur Verfügung stehen.
„Wenn ich das nicht erfülle oder mich Eurem Dienst irgendwie entziehen will, sollt Ihr das Recht haben, mich nach Gutdünken zu bestrafen, zu verkaufen oder sonst mit mir zu tun, was Ihr wollt", heißt es in einer Schwurformel zwischen Leibherrn und Leibeigenen.
Im Unterschied zu den Hörigen war es vielen Leibeigenen auch verboten, ohne Zustimmung ihres Leibherrn zu heiraten oder an einen anderen Ort zu ziehen. Und sie mußten höhere Abgaben zahlen und mehr Fronarbeit verrichten als hörige Bauern.
Kinder von Leibeigenen waren wie ihre Eltern lebender Besitz des Leibherrn, denn die Leibeigenschaft wurde vererbt. Die Kinder waren verpflichtet, einige Jahre ohne Entgelt auf dem Hof des Herrn zu arbeiten.
Starb ein Leibeigener, dann nahm sein Herr mindestens die Hälfte des geringen Nachlasses, zum Beispiel das beste Stück Vieh und ein gutes Kleidungsstück.

FREIE BAUERN

Neben Hörigen und Leibeigenen gab es auch freie Bauern. „Frei" bedeutete, daß die Bauern von niemandem abhängig waren. Manche von ihnen besaßen große Höfe und hatten ein Mitspracherecht bei allen Dorfangelegenheiten. Oft war ein freier Bauer auch Dorfschulze, also eine Art Bürgermeister.
Andere Bauern bewirtschafteten Güter, die dem König gehörten. Weil sie keinen anderen Herrn hatten, galten sie als frei, obwohl sie „Eigenleute" des Königs waren.
Es gab aber auch freie Kleinbauern, denen es schlechter ging als manchen Hörigen auf ertragreichen Höfen, weil sie oft nur wenig Land besaßen. Um ihre Familie ernähren zu können, mußten sie von den Grundherren Land pachten. Dafür zahlten sie Abgaben wie Hörige und Leibeigene und mußten Frondienste leisten. Hörige, Leibeigene und freie Bauern hatten eines gemeinsam: Die Herren versuchten, die Abgaben auf ihre Kosten zu erhöhen.

DIENSTE UND ABGABEN

Eine genauere Vorstellung über den Umfang der Abgaben und Dienste, die hörige Bauern zu leisten hatten, bekommt man durch einen Bericht des Klosters Prüm in der Eifel. Zu diesem Kloster gehörten dreißig hörige Bauern. Einer von ihnen war der Bauer Widrad.
In einem Verzeichnis ist nachzulesen, was der Bauer an das Kloster abliefern mußte:

„Widrad gibt an das Kloster jedes Jahr 1 Eber, 1 Pfund Garn, 3 Hühner, 18 Eier. Er fährt 5 Wagenladungen von seinem Mist auf unsere Äcker, bringt 5 Bündel Baumrinde für die Beleuchtung und fährt 12 Wagenladungen Holz zum Kloster. Dieses Holz dient im Winter zum Heizen. Ferner liefert Widrad dem Kloster jährlich 50 Latten und 100 Schindeln für Dachreparaturen.
Eine Woche in jedem Jahr verrichtet er den Hirtendienst bei unserer Schweineherde im Wald. Er bestellt drei Morgen Land, das ganze Jahr hindurch, jede Woche drei Tage.
Das bedeutet: Er muß bei der Einzäunung unserer Äcker und Weiden helfen, zur rechten Zeit pflügen, säen, ernten und die Ernte in die Scheune bringen.
Die Frau Widrads muß leinene Tücher aus reinem Flachs anfertigen, 8 Ellen lang und 2 Ellen breit. Sie fertigt daraus Hosen für die Mönche an."

DAS LEBEN DER BAUERN

Neben der Feld- und Stallarbeit und den Frondiensten mußten die Bauern ihre Hütten oder Häuser selber bauen und reparieren. Auch ihre Kleidung mußten sie eigenhändig anfertigen. Dazu gehörte das Spinnen und Weben von Stoffen ebenso wie das Gerben von Tierhäuten und Fellen zu Leder. Brot mußte gebacken und Milch zu Butter und Käse verarbeitet werden. Alle Arbeitsgeräte, die die Bauern dafür brauchten, stellten sie selbst her. Um diese Arbeiten bewältigen zu können, mußten alle Familienmitglieder mithelfen. Dazu gehörten außer den Eltern und zahlreichen Kindern auch die Großeltern und unverheiratete Tanten und Onkel, die auf dem Hof lebten.

Die Arbeitszeit wurde durch die Jahreszeit bestimmt. Wenn es im Sommer zwischen vier und fünf Uhr hell wurde, standen die Bauern auf. Die erste Mahlzeit nahmen sie zwischen neun und zehn Uhr ein, die zweite am späten Nachmittag. Gegessen wurde vor allem Brot aus Roggenmehl, Suppen, Hafer-, Mehl- und Hirsebrei. Dazu gab es Gemüse, Eier, Käse und Milchspeisen. Hin und wieder kam auch Fisch oder Huhn auf den Tisch, und im Winter schlachtete man ein Schwein. Manchmal fing man mit Schlingen oder Fallen einen Hasen oder ein Reh, bis dies im 14. Jahrhundert von den Grundherren verboten wurde. Zu trinken gab es Wasser, Milch oder Molke. Sobald es dunkel wurde, ging man schlafen, denn Öl für Lampen war teuer.

Wohnraum und Stall waren zwar getrennt, lagen aber unter einem Dach. In den meisten Bauernhäusern bestand der Wohnbereich nur aus einem einzigen Raum. Darin standen ein Tisch, ein paar Bänke an den Wänden, dreibeinige Hocker und manchmal ein Bettgestell. Geschlafen wurde auf Strohsäcken. Der Raum wurde im Winter durch die Herdstelle geheizt.
Wenn am Morgen das Tageslicht durch die mit Weidengeflecht oder Schweinsblasen nur notdürftig verschlossenen Fensterlöcher fiel, begann für die Familie wieder ein harter Arbeitstag. Auch die Kinder mußten dabei schon kräftig mithelfen. Sie trugen Kleider wie die Erwachsenen, arbeiteten und führten das gleiche Leben wie sie. Es gab auch keine Schulen, wie wir sie heute kennen. Bildung war Adeligen oder wohlhabenden Bürgern vorbehalten, die in Universitäten, Klöstern oder von Privatlehrern unterrichtet wurden. Deshalb konnten die Bauern weder lesen noch schreiben.

Sehr früh wurden Ehen geschlossen. Mädchen wurden oft schon mit dreizehn Jahren verheiratet. Eine Vorschrift des Klosters Weitenau im Schwarzwald besagte zum Beispiel, daß der Probst „jeder Frau des Klosters, die vierzehn Jahre alt ist, bei Strafe von einem Pfund gebieten soll, einen Mann zu nehmen“.

Die Bauern leben in bescheidenen Hütten mit nur einem Raum. Dort arbeiten, essen und schlafen die Menschen. Jede Familie baut und repariert ihre Hütte, stellt ihre Werkzeuge und Geräte her und versorgt sich mit dem Vieh und den Ernteerträgen selber.

Für die Männer wurde das Heiratsalter auf achtzehn bis zwanzig Jahre festgesetzt. Dies wurde so strikt geregelt, weil die Grundherren die Zahl ihrer leibeigenen Bauern halten oder vergrößern wollten. Denn jedes Kind war später eine wichtige Arbeitskraft. Hörigen und freien Bauern stand es frei, wann sie eine Ehe eingehen wollten. Ehepaare bekamen durchschnittlich sechs bis acht Kinder, von denen aber mehr als ein Viertel schon im ersten Lebensjahr starb, denn Krankheiten konnten damals nicht so behandelt werden wie heute. Viele Kinder wurden nicht einmal zehn Jahre alt.
Auch viele Frauen starben sehr früh, weil die zahlreichen Geburten und die schwere Feldarbeit sie schwächten und für Krankheiten anfälliger machten als die Männer.
Der Nürnberger Schuhmacher und Dichter Hans Sachs beschrieb die Lage der Bauern 1535 in folgendem Gedicht:

Wie soll mir armen Bauern geschehen?
Ich muß ackern, schneiden, mähen,
dreschen, Holz hacken, auch dazu,
hab weder Tag noch Nacht kein Ruh.
Mich peinigt Rent, Gült, Steuer und Fron,
muß schier ernähren jedermann,
Adel, Pfaff, Bettler und Landsknecht
sucht alles bei mir sein Erbrecht.
Wolf, Fuchs, Marder, Krahen und Raben
will alls sein Nahrung von mir haben.
Ich arbeit hart und lieg nicht sanft.
Von grobem Brot eß ich ein Ranft.
Mein Trank ist Wasser, Milch und Schotten,
und muß mein jedermann lan spotten
(und muß mich von jedermann verspotten lassen).
Ein Kittel grob mich auch anerbt,
der Krieg mich oft in Grund verderbt.
Ein Ungewitter plaget mich.
Ist einer hie ärmer als ich,
dasselb ich gerne hören will.

Die Abbildung auf der gegenüberliegenden Seite zeigt einen sogenannten „Ständebaum“. Er veranschaulicht, wie der Bauer als unterster Stand die ganze übrige Gesellschaft auf seinem Rücken tragen muß: die Handwerker und Kaufleute, den niederen Adel, die Geistlichkeit, Fürsten und Bischöfe, den hohen Adel, den König und sogar den Papst.

DER ZERFALL DER ALTEN ORDNUNG

Die Mehrheit der Menschen lebte also unter entwürdigenden Umständen, von ihren Herren ausgebeutet und von den Geistlichen in dem Glauben gehalten, daß Gott selbst die Menschen in Reiche und Arme einteile. Doch bereits im Mittelalter wurden Stimmen laut, die sich gegen diese Unterteilung in Adelige und Bauern, Freie und Unfreie, Herren und Knechte wehrten. Immer lauter wurde auch das Verhalten der Adeligen und Geistlichen kritisiert, denen Macht und Reichtum wichtiger waren, als ein Leben nach den Geboten Gottes zu führen.
Deshalb begannen gegen Ende des 15. Jahrhunderts immer mehr Menschen an der bestehenden Ordnung zu zweifeln. Sie erkannten den Widerspruch zwischen dem, was die Geistlichen verkündeten, und wie sie lebten. Gepredigt wurden Nächstenliebe und Genügsamkeit, doch gleichzeitig führten die Geistlichen ein ausschweifendes Dasein und waren mehr an weltlicher Macht als an einem gottesfürchtigen Leben interessiert.
So verloren die Menschen allmählich das Vertrauen zur Kirche.
Aber auch der Kaiser erschien ihnen immer fragwürdiger. Er hatte mehr und mehr an Bedeutung verloren. Nach dem Aussterben der Staufer, der letzten Herrscherfamilie mit erblichem Anspruch auf den Kaisertitel, wurde jeder Kaiser von den sieben mächtigsten Fürsten des Reiches, den Kurfürsten, gewählt.
Diese Macht, einen Kaiser selber zu bestimmen, nutzten die Kurfürsten natürlich sehr oft zu ihren Gunsten aus. Sie ließen sich von dem späteren Kaiser zusätzliche Rechte oder Ländereien garantieren, ehe sie ihn wirklich wählten. Auch die Grafen, Bischöfe und Äbte verlangten für die Unterstützung eines Kandidaten Vorteile für sich und ihre Nachfolger.
Kein Kaiser konnte deshalb eine eigene zentrale Verwaltung mit einheitlichem Steuer- und Rechtssystem schaffen, denn fast alle großen Fürsten befürchteten davon eine Einschränkung ihrer Macht. Statt dessen bauten sie Länder mit eigener Verwaltung und Rechtsprechung auf, wie zum Beispiel Bayern, Hessen, die Pfalz oder Österreich.
So vergrößerten Fürsten, Grafen, Bischöfe und Äbte ihre Macht Schritt für Schritt.

DIE BEVÖLKERUNG

Die Bevölkerung setzte sich aus vielen verschiedenen Gruppen zusammen.
In den Städten lebten Arbeiter, Dienstboten, Handwerksgesellen, denen es kaum besserging als den armen Bauern. Auch ein großer Teil des niederen Adels lebte in ärmlichen Verhältnissen, im Gegensatz zum höheren Adel und zur Geistlichkeit. Daneben gab es wohlhabende Handwerker und Bürger.
Die gewaltigen Unterschiede zwischen den einzelnen Ständen zerstörten den Glauben an die alte Ordnung. Immer deutlicher wurden Veränderungen in Gesellschaft und Kirche verlangt.
Dies fand vor allem in zahlreichen Schriften Ausdruck, die dank der Buchdruckerkunst schnell und weit verbreitet werden konnten.

DIE „REFORMATIO SIGISMUNDI“

Die erste bedeutende Schrift dieser Art war die „Reformatio Sigismundi“.
Ein unbekannter Verfasser übte in dieser Schrift schon im Jahr 1439 scharfe Kritik an Staat, Gesellschaft, Wirtschaft und Kirche und forderte Reformen.
„Gehorsam ist tot. Gerechtigkeit leidet Not. Nichts steht in rechter Ordnung“, schrieb er. Der Verfasser beschrieb den Verfall von Recht und Ordnung, die zunehmende Macht von Fürsten und Kirche und die Erniedrigung und Ausbeutung der Bauern.
„Es ist ungeheuer, daß ein Christenmensch zum anderen sagen darf: Du bist mein Eigentum!“ klagte der unbekannte Verfasser an. Er verlangte die Abschaffung der Leibeigenschaft, die Entlastung der hörigen Bauern, die Enteignung der Kirche und die gleichen Rechte für alle Menschen.
So weit war bis dahin noch niemand gegangen. Und natürlich konnte der Verfasser der „Reformatio Sigismundi“ seinen Namen nicht nennen. Das hätte ihn sein Leben gekostet. Im Jahr 1476 wurde das Werk erstmals gedruckt und war bald im ganzen Reich bekannt.

Main
Main
Würzburg
Burg Marienburg
Wertheim
Niklashausen
Tauberbischofsheim
Ochsenfurt
Tauber

DER „PROPHET VON NIKLASHAUSEN“

Zur gleichen Zeit, als die „Reformatio Sigismundi“ verbreitet wurde, machte in der Gegend von Würzburg ein junger Schafhirte und Musikant von sich reden: Hans Böheim. Er zog mit seiner Herde durch das Taubertal, und abends spielte er in den Dörfern zum Tanz auf. „Pfeiferhänslein“ nannten ihn die Leute liebevoll, denn sie mochten ihn. Er war zwanzig Jahre alt, ohne jede Schulbildung, und konnte weder lesen noch schreiben.
Im April 1476 pilgerte er zur Wallfahrtskirche in Niklashausen, einem kleinen Ort zwischen Wertheim und Tauberbischofsheim. Dort bat er die Mutter Gottes um die Vergebung seiner Sünden. In der Nacht darauf, so erzählte er später, sei ihm die Jungfrau Maria in einem weißen Gewand erschienen und habe ihm befohlen, seine Musikinstrumente zu verbrennen und den Menschen den Weg in eine bessere Zukunft zu weisen.
Hans Böheim sprach mit einer Gruppe von Menschen, die ihm neugierig zuhörten.

„Wo ist denn der Prophet?“ rief da eine Frau. „Ich kann ihn nicht sehen!“
Ein Mann rollte ein Faß heran und stellte es auf. Hans Böheim sprang auf das Faß und redete weiter: „Es ist eine Sünde, wie die Herren mit ihren Frauen und Kindern leben! Sie tragen Kleider aus feinen Stoffen und schmücken sich mit Gold und Edelsteinen, und viele von uns haben nicht mehr als das Hemd, das sie auf dem Leib tragen. Sie fressen und saufen, daß ihnen fast die Bäuche platzen, während wir uns nicht einmal an Brot satt essen können!“

Hans Böheim prangert die bestehende Ungerechtigkeit in der Gesellschaft an.

„Das stimmt!“ riefen seine Zuhörer, und einige Männer ballten empört ihre Fäuste. „Und am schlimmsten sind die Pfaffen“, fuhr Hans Böheim fort. „Die Heilige Jungfrau Maria hat mir aufgetragen, euch zu sagen, daß Gott die Habgier des Papstes und der Pfarrer nicht länger dulden will. Wenn sie sich nicht ändern, wird Gott sie hart bestrafen. Glaubt ihr, daß sich die Pfaffen freiwillig bessern?“
„Nie!“ riefen die Leute.
„Dann müssen wir nachhelfen!“ sagte Hans Böheim. Die Leute klatschten Beifall. Hans Böheim hob die Arme. „Alle Menschen sind Kinder Gottes, Brüder und Schwestern. Die Fürsten und Herren müssen ihr Vermögen mit den Armen teilen, damit alle gleich viel besitzen.“
Die Menschen jubelten, nahmen Böheims Botschaft dankbar an und trugen sie in alle Himmelsrichtungen. Immer mehr Neugierige pilgerten nach Niklashausen.

Sie kamen aus Hessen, Schwaben und Bayern, aus Thüringen und Sachsen, aus dem Elsaß und dem Rheinland. Die einen kamen in geordneten Wallfahrten mit Fahnen und Kerzen, andere liefen einfach von ihrer Arbeit weg. Es kamen Männer und Frauen, Kinder und Greise, Gesunde und Kranke. Tausende lagerten auf Wiesen und Feldern um Niklashausen – manchmal sollen es über 30000 Menschen gewesen sein.
Alle lauschten den Worten des „Propheten“, der ihnen seine Botschaft verkündete. Er wurde verehrt wie ein Heiliger, und die Menschen glaubten, durch seinen Segen seien alle ihre Sünden vergeben. Viele Wallfahrer kehrten nicht wieder nach Hause zurück. Sie blieben bei ihrem Propheten und verkauften, was sie nicht dringend zum Leben brauchten.
Die Obrigkeit nahm Hans Böheim anfangs gar nicht zur Kenntnis. Erst als immer mehr Menschen zu ihm pilgerten, reagierte sie und verbot den Leuten, weiterhin nach Niklashausen zu wallfahren. Doch diese hörten nicht auf die Verbote. Da schickte der Bischof von Würzburg, dessen Untertan Hans Böheim war, Spitzel los. Die hörten am 6. Juli 1476, was Böheim am Ende seiner Predigt sagte: „Kommet wieder hierher am kommenden Samstag, dem Sankt-Margarethen-Tag, gegen Abend. Kommet in Wehr und Waffen, ihr Männer, und lasset Weib und Kind daheim. Dann werdet ihr hören, was euch die Heilige Jungfrau Maria weiter zu sagen hat.“

DIE GEFANGENNAHME

In der Nacht zum Samstag schickte der Bischof bewaffnete Reiter nach Niklashausen, die Hans Böheim aus dem Haus zerrten und ihn auf ein Pferd banden. 4000 Menschen standen schweigend da, als die Reiter mit Hans Böheim aus dem Dorf ritten.
Am nächsten Morgen kamen 30000 bis 40000 Pilger nach Niklashausen, überwiegend Männer, die meisten in Waffen. Als sie von der Gefangennahme hörten, zogen viele wieder ab. Da erklärte ein Bauer, Gott habe ihm befohlen, die bewaffneten Männer nach Würzburg zu führen und den Propheten zu befreien. Etwa 15000 Mann waren sofort bereit, mit ihm nach Würzburg zu ziehen.
Sie wählten einen wallfahrenden Ritter aus ihrer Mitte zum Anführer.

DIE BEWAFFNETEN WALLFAHRER

Am Abend marschierten die Männer los und erreichten am Sonntagmorgen Würzburg. Außer ihren Waffen trugen sie brennende Kerzen bei sich, damit jeder sehen konnte, daß es sich um eine Prozession handelte.
Dem Marschall des Bischofs, der ihnen entgegenritt, teilten sie mit, daß sie die sofortige Freilassung des „heiligen Jünglings“ forderten. Als der Marschall dies ablehnte, trieben sie ihn mit Steingeschoßen zurück.
Daraufhin ließ der Bischof zur Abschreckung der Bauern einige Schüsse aus den Geschützen abfeuern.
Das genügte, um einen Teil der Bauern in die Flucht zu jagen.
Den anderen ließ der Bischof verkünden, daß Hans Böheim wegen Unruhestiftung vor ein ordentliches Gericht gestellt werde. Er drohte den Bauern, daß er seine Soldaten losschicken werde, wenn sie nicht augenblicklich umkehren würden. Viele bekamen Angst, und das große Bauernheer löste sich auf und zerfiel in zahlreiche kleine Gruppen.
Als der Bischof sicher war, daß sich die Bauern nicht mehr gegenseitig beistehen konnten, schickte er seine Reiter hinter ihnen her. Sie überfielen die einzelnen Gruppen hinterrücks, schlugen die meisten Männer zusammen und stachen auf sie ein. Wen sie am Leben ließen, schleppten sie in Stricken auf die Burg. Dort wurden zwei von den Bauern zur Abschreckung geköpft.
Hans Böheim wurde nicht vor ein ordentliches Gericht gestellt. Am Morgen des 19. Juli 1476 führten ihn die Henkersknechte zu einem riesigen Scheiterhaufen, banden ihn an einen Pfahl und legten Feuer. Da fing Hans Böheim an, Marienlieder zu singen. Seine Asche wurde in den Main gestreut. Nichts sollte von Hans Böheim übrigbleiben. Im Gedächtnis des Volkes jedoch lebte der „heilige Jüngling“ fort.

Als Strafe für seine offene Kritik wird Hans Böheim auf Befehl des Bischofs von Würzburg verhaftet und auf dem Scheiterhaufen verbrannt.

Speyer
Neckar
Bruchsal
Ober-
grombach
Unter-
grombach
Rhein
Straßburg
Schlettstadt
SCHWARZWALD
Freiburg
Donau
Bodensee
Rhein

DER GEHEIMBUND „BUNDSCHUH“

Der „Prophet von Niklashausen“ war tot, aber seine Gedanken blieben den Menschen im Gedächtnis, genau wie die Forderungen der „Reformatio Sigismundi“, die weiterhin verbreitet wurde. Gegen Ende des 15. Jahrhunderts kam es vermehrt zu Unruhen im Reich.
Die Bauern begannen, sich der Obrigkeit zu widersetzen.
Im Badischen und im Elsaß, im Allgäu, in Tirol und Kärnten lehnten sich Bauern gegen ihre Herren auf. Meist ging es dabei um zusätzliche Abgaben oder Frondienste, die die Herren forderten. Viele Bauern wollten auch nicht mehr dulden, daß die Herren mit ihrem großen Gefolge bei Treibjagden Äcker und Wiesen verwüsteten, ohne den Schaden zu bezahlen. Auch die wohlhabenden Bauern leisteten Widerstand: Sie wehrten sich dagegen, daß die Herren alte bäuerliche Rechte beschneiden und über die Dörfer bestimmen wollten.
Zu diesen Rechten gehörte, daß die Bauern jagen und fischen, Bauholz schlagen, Brennholz sammeln und die gemeindeeigenen Felder nutzen durften. Wenn es zu Streitigkeiten gekommen war, hatte bisher das Dorfgericht nach „altem Brauch und guten Gewohnheiten“ entschieden. Die Bauern hatten außerdem aus ihrer Mitte Männer gewählt, die das Dorf verwalteten und Gebote und Verbote erließen.
Nun wollten die Herren den Bauern verbieten, zu jagen, zu fischen, Holz zu schlagen. Gleichzeitig verlangten sie immer mehr Abgaben und Dienste, schickten fremde Verwalter und Steuereintreiber in die Dörfer und lösten die Dorfgerichte auf, um die Bauern ganz unter ihre Macht zu bekommen.
Dagegen lehnten sich die Bauern auf, und nicht nur, weil die Lasten immer drückender und das Leben immer schwerer wurde. Nein, es gab noch einen anderen Grund: Für die Menschen war das bestehende Recht von Gott geschaffen. Die Herren durften es nicht ändern, denn neues Recht war gegen Gottes Ordnung gerichtet und damit Sünde und Unrecht.

DAS ZEICHEN DES BUNDSCHUHS

Aber alle Versuche, sich gegen die Obrigkeit zur Wehr zu setzen, wurden schnell unterdrückt. Es war für die Herren einfach, ihre bewaffneten Reiter rasch wieder für Ruhe sorgen zu lassen.
Dennoch machten Unruhen und vereinzelte Aufstände deutlich, daß etwas in Bewegung geraten war. Und trotz aller Unterschiedlichkeit der einzelnen Aktionen war ihnen ein neues Zeichen gemeinsam: der Bundschuh.
Der Bundschuh war die Fußbekleidung des gemeinen Mannes, während die Adeligen Schnallenschuhe oder Stiefel trugen.
Der Bundschuh bestand aus einer Ledersohle und einem halbhohen Schaft, der mit einem Lederriemen an Fuß und Wade festgebunden wurde. Für die Menschen war der Bundschuh ein Symbol von großer Bedeutung: Er verkörperte Zusammengehörigkeit, Kraft und Redlichkeit, aber auch den Mut, für Recht und Freiheit zu kämpfen.
Wo immer sich Menschen ungerecht behandelt fühlten, wurde ein Bundschuh auf eine Stange gesteckt, um gegen das Unrecht zu demonstrieren.

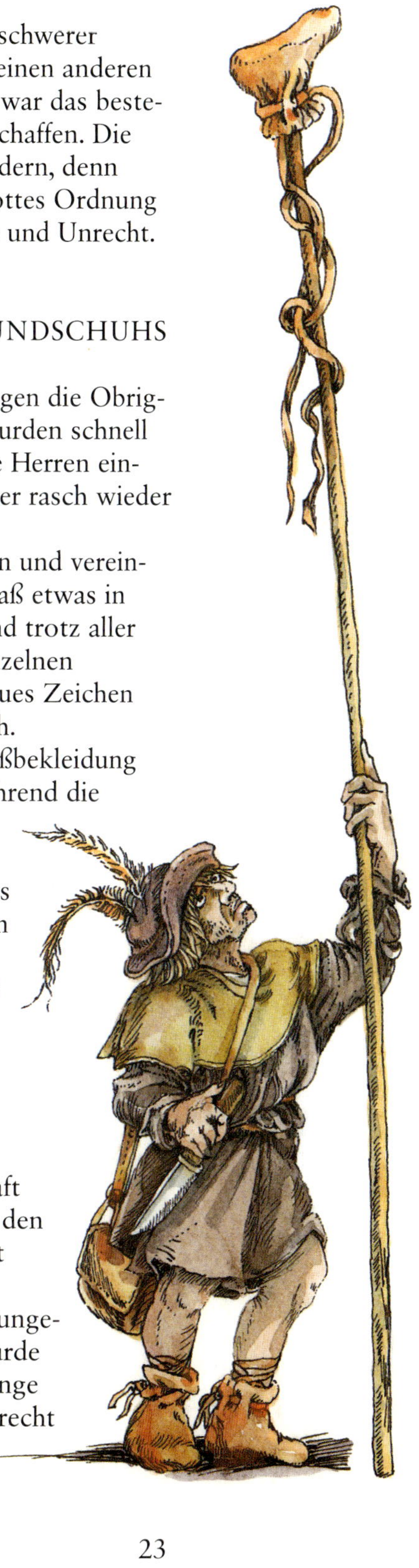

DER AUFSTAND VON SCHLETTSTADT

Im Jahr 1493 versammelten sich in Schlettstadt im Elsaß und in einigen benachbarten Dörfern Bürger und Bauern, um einen Geheimbund unter dem Zeichen des Bundschuhs zu gründen.
Sie wollten verhindern, daß ihre Rechtsangelegenheiten vor dem Gericht des Bischofs von Straßburg verhandelt wurden, statt vor ihrem Dorfgericht. Denn dort saßen gewissenlose und bestechliche Richter, die zur eigenen Bereicherung ein Vielfaches der festgelegten Gebühren erhoben und Urteile zugunsten derer fällten, die am meisten bezahlten.
Bald waren einige hundert Männer bereit, von Schlettstadt aus die umliegenden Städte zu erobern und ihren Forderungen Nachdruck zu verleihen. Doch der Aufstand blieb auf wenige Dörfer und Städte beschränkt und wurde im Keim erstickt. Fast alle „Bundschuh"-Mitglieder wurden festgenommen. Der Bischof zeigte sich „großmütig" und ließ „nur" drei der Anführer köpfen. Den übrigen wurden die Schwurfinger abgehackt, mit denen sie dem „Bundschuh" Treue geschworen hatten.

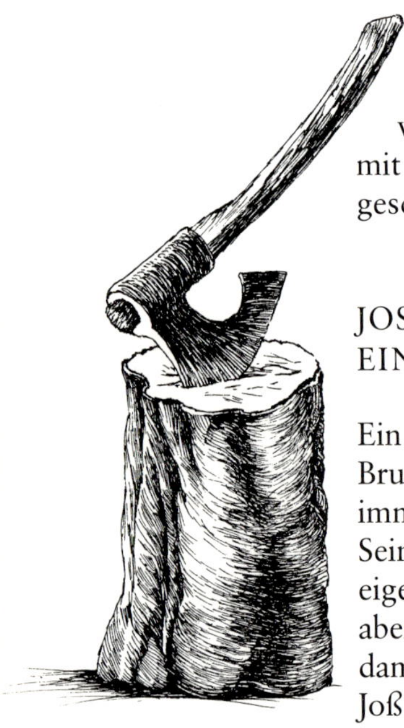

JOSS FRITZ GRÜNDET EINEN GEHEIMBUND

Ein junger Bauer aus Untergrombach bei Bruchsal begriff, daß vereinzelte Aktionen immer zum Scheitern verurteilt waren. Sein Name war Joß Fritz. Er war Leibeigener des Bischofs von Speyer, lernte aber lesen und schreiben, was für die damalige Zeit sehr außergewöhnlich war. Joß Fritz wollte fremde Länder kennenlernen, um zu sehen, wie es in der Welt zuging. Deshalb zog er als Landsknecht für fremde Herren in den Krieg. Dabei sammelte er viele Erfahrungen, und langsam formte sich sein Bild von den Menschen und der Welt: Es herrschte Ungerechtigkeit, und vielen Menschen ging es sehr schlecht.
Joß Fritz entschloß sich, den Armen und Unterdrückten zu helfen, koste es, was es wolle. Als er die „Reformatio Sigismundi" gelesen hatte, wuchs in ihm die Überzeugung, daß es seine Aufgabe war, dem Kaiser zu helfen, eine gerechte Ordnung im Deutschen Reich zu schaffen. Er entwickelte einen Plan, wie er vorgehen wollte. Zuerst mußte er zuverlässige Mitstreiter finden.
Im Herbst 1501 begann er, geeignete Verbündete zu werben. Zu diesem Zeitpunkt hatte eine Dürre die Ernte vernichtet und Hungersnot gebracht. Die Bauern konnten ihre Abgaben nicht bezahlen. Der Bischof von Speyer schickte seine Steuereintreiber über die Dörfer und ließ das Geld regelrecht aus den Bauern herauspressen.
„Wie lange wollt ihr das noch dulden?" fragte Joß Fritz.
Er stand mit einigen Bauern in einer halbzerfallenen Scheune und sprach mit ihnen über ihre Lage.
„Es ist immer so gewesen", sagte einer.
„Nein, es wird immer schlimmer", widersprach ein anderer. Dann war es wieder still. Auch Joß Fritz sagte nichts.
„Was sollen wir denn tun?" fragte endlich einer und sah dabei in die Runde.
„Die Herren zum Teufel jagen!" stieß ein kräftiger Bauer hervor und schwang den Dreschflegel.
„Das ist leicht gesagt!"
„Die Herren haben Soldaten."
„Aber wir sind viel mehr."
„Die meisten Bauern sind zu dumm!"
„Wer weiß denn so genau, was richtig ist?" fragte einer der Bauern. „Der Herr im Himmel spricht: Du sollst dich nicht auflehnen gegen die Obrigkeit. Das ist Sünde."
„Und was die Herren hier unten mit uns machen, ist das keine Sünde?" fragte Joß Fritz. „Die sind selbst schuld, wenn wir sie zum Teufel jagen."
Ein paar Männer sahen Joß Fritz an.
„Wir sind dabei!" sagten sie. Nach kurzem Zögern erklärten sich auch die übrigen Bauern bereit, beim „Bundschuh" mitzumachen.
Joß Fritz erklärte ihnen, wie er sich die Änderung dieser unmenschlichen Zustände vorstellte: Die Bauern sollten sich zusammenschließen und für die Befreiung

aus Leibeigenschaft und Hörigkeit kämpfen. Der gesamte Besitz der Geistlichen sollte dem Volk gehören. Die Geistlichen hätten sich nur um ihre Aufgabe zu kümmern: den Gottesdienst und die Seelsorge. Dafür würden sie auch vom Volk ernährt werden.
Joß Fritz verlangte auch die Auflösung der Heere der Bischöfe und Äbte. Die Fürsten müßten zugunsten des Kaisers entmachtet werden und ihre Sonderrechte verlieren. Der Kaiser sollte wieder das gesamte Reich regieren, gemeinsam mit einer Volksversammlung, die sich aus allen Ständen des Reiches zusammensetzen sollte. Jeder Mensch sollte über sich und seine Arbeitskraft, über den Boden, den er bebaute, und die Werkstatt, in der er arbeitete, frei verfügen können.

JOSS FRITZ WIRBT MITGLIEDER

Joß Fritz war ein glänzender Redner mit großer Überzeugungskraft. So hatte er in seiner Heimatgemeinde Untergrombach bald die meisten Männer auf seiner Seite. Dann warb er in Bruchsal, wo er die halbe Einwohnerschaft für sich gewann.
Die Stadtbewohner unterschieden sich in ihrer rechtlichen Stellung kaum von den Bauern. Auch sie waren Leibeigene des Bischofs.
Joß Fritz wußte, daß er beim Aufbau seines Geheimbundes sehr vorsichtig vorgehen mußte, weil manche Menschen zur Geschwätzigkeit neigen. Deshalb erfuhr jeder nur so viel, wie er unbedingt wissen mußte. Dann konnte selbst unter der Folter nicht mehr verraten werden.

DER TREUEEID

Es war schon lange dunkel. Nur der Mond lugte ab und zu hinter den Wolken hervor. Mitten auf der Waldlichtung flatterte eine Fahne im Wind. Um die Fahne herum standen ungefähr dreißig Männer und zwei Frauen.
„Wie ist dein Name?“ fragte Joß Fritz einen der Männer.
„Jakob Stutzen.“
Jakob Stutzen sank auf die Knie, betete fünf Vaterunser und fünf Ave Maria.
Dann fragte Joß Fritz: „Guter Gesell, was ist dein Wesen?“
„Wir können wegen Pfaffen und Adel nicht mehr genesen.“
Joß Fritz gab ihm einen Zipfel der Fahne in die Hand. Die andere Hand hob Jakob Stutzen in die Höhe und sagte:
„Ich schwöre bei der Heiligen Jungfrau Maria, dem Bund allzeit treu zu sein und nichts und niemanden zu verraten.“
„Steh auf, Bruder“, sagte Joß Fritz, „jetzt bist du einer von uns.“
Im Gebiet des Bischofs von Speyer hatte Joß Fritz bald einige tausend Anhänger. Aber er wollte die Erhebung der Bauern nicht auf dieses Gebiet beschränken, sondern dachte an einen Aufstand aller „kleinen“ Leute im ganzen Reich.
Also schickte er Werber aus, die weitere Mitglieder gewinnen sollten.

ES WERDEN IMMER MEHR

Selbst die inzwischen recht große Zahl der Mitglieder und Anhänger verleitete Joß Fritz noch nicht zum Losschlagen. Als Landsknecht hatte er oft erlebt, wie wichtig im Krieg die Verbindung zwischen den getrennt kämpfenden Einheiten war.

Joß Fritz in der Bekleidung der Landsknechte

Noch wichtiger war ein gut funktionierendes Informationssystem für eine im Geheimen arbeitende Bewegung wie den „Bundschuh“.
Auch dafür hatte Joß Fritz einen Plan: Er sprach die Menschen an, die außerhalb der Gesellschaft standen und als unehrlich und ehrlos galten: Gaukler, Bettler, Zahnbrecher, Wohnsitzlose, Abdecker, Schäfer und das fahrende Volk.
Dazu zählten Händler, Quacksalber, Schauspieler, Seiltänzer, Bären- und Affenführer und auch die Spielleute und Bänkelsänger, die Volksmärchen und Volkslieder verbreiteten, die wir zum Teil heute noch kennen.
Diese Außenseiter bildeten eine eigene Gesellschaft mit einer Geheimsprache und Geheimzeichen. Gegenseitige Hilfe war oberstes Gebot, Verrat dagegen wurde hart bestraft.
Joß Fritz, der weit herumgekommen war, hatte viele Freunde unter ihnen und weihte sie in seine Pläne ein. Diese Ausgestoßenen haßten die bestehende Gesellschaftsordnung und waren zu jeder Hilfe bereit, um diese zu stürzen. Sie stellten sich als Überbringer geheimer Nachrichten zur Verfügung.
Und noch eine „Randgruppe“ gewann Joß Fritz für sein Vorhaben: die Frauen. Sie hatten weniger Rechte als die Männer, waren aber „brauchbar“ zum Arbeiten und Kinderkriegen. Kaum ein Mann betrachtete Frauen als gleichwertige Menschen, mit denen man zum Beispiel über Politik oder Religion reden konnte. Joß Fritz diskutierte mit den Frauen, schilderte ihnen die Ursachen ihrer Lage und bat sie, beim Sturz der alten und beim Aufbau einer neuen, gerechten Ordnung mitzuhelfen. Viele Frauen waren bereit, Joß Fritz und sein Vorhaben zu unterstützen.
Nach einem halben Jahr unermüdlichen Werbens gehörten etwa 7 000 Männer und vierhundert Frauen zum „Bundschuh“. Dazu kamen noch Tausende von Anhängern im ganzen Südwesten des Reiches. Diese wagten zwar nicht, sich offen zum „Bundschuh“ zu bekennen, waren jedoch bereit, Joß Fritz zu helfen, wo sie nur konnten.

DER ERSTE AUFSTAND DES „BUNDSCHUHS" WIRD GEPLANT

Am 3. April 1502 gab Joß Fritz das Zeichen zum Aufbruch. Die Mitglieder schwärmten aus, jeder zu dem Ort, wo er seine Leute zu benachrichtigen hatte.
Der Plan war einfach, aber überzeugend: In der Nacht zum 22. April wollte Joß Fritz die Burg Obergrombach erobern. Zwei Kriegsknechte der Burg gehörten zum „Bundschuh" und würden die Tore der Burg öffnen. Nach der Besetzung der Burg sollte Bruchsal eingenommen werden. Dort wollte Joß Fritz seine Männer mit den Waffen der Stadtsoldaten ausrüsten. Zusammen mit den vielen Bruchsaler „Bundschuhern" wollte er anschließend die Bischofsstadt Speyer besetzen und von da aus das ganze Bistum in seine Gewalt bringen. Der nächste Schritt sollte dann über die Grenze des Bistums hinausführen, nämlich nach Baden und ins Elsaß.
Joß Fritz war sicher, daß ihm die befreiten Bauern und Bürger überallhin folgen würden. Doch bevor es soweit kam, machte ein Verräter alle Pläne zunichte. Ein Schreiber des Bischofs von Speyer berichtet darüber:

„Im Jahre 1502 nach der Geburt Christi kam ein Fußknecht namens Lukas Rapp, gebürtig aus der Markgrafschaft Baden. Der sagte Seiner Gnaden im Geheimen, daß sich eine Gesellschaft verschworen habe, genannt die Bundschuher. Die hätten vor, Bruchsal und etliche andere Städte einzunehmen. Wenn das geschehen sei, so hofften sie, würden sich alle Bauern und Bürger zu ihnen schlagen. Dann wollten sie den Pfaffen und Edelleuten Gesetze geben, sich selber befreien und alle, die ihnen widerwärtig seien, totschlagen. Zuerst hielt man das für ein Geschwätz, aber nach wenigen Tagen kam Lukas wieder und zeigte einen jungen Bauern aus Untergrombach an, Fritz geheißen. Der wisse von dem allen."

Daraufhin schickte der Bischof seine Soldaten nach Obergrombach, um die Anführer des „Bundschuhs" festzunehmen und zu verhören. Doch Joß Fritz konnte gewarnt werden. Und die übrigen Mitglieder verrieten keine Namen. Deshalb ließ der Bischof die Verdächtigen foltern.

FOLTER UND VERRAT

„Los, rein mit dir!" Der Folterknecht stieß den Schloßbäcker von Grombach durch eine Tür. Er stolperte in einen dunklen Raum. Hinter einem Holztisch saßen zwei vornehm gekleidete Herren und redeten leise miteinander.
„Hast du uns etwas zu sagen?" fragte plötzlich einer der beiden.
„Ich … ich weiß nichts."
„So? Dann wollen wir deinem Gedächtnis mal ein bißchen nachhelfen! Meister Heinrich, zeigt ihm die Instrumente!"

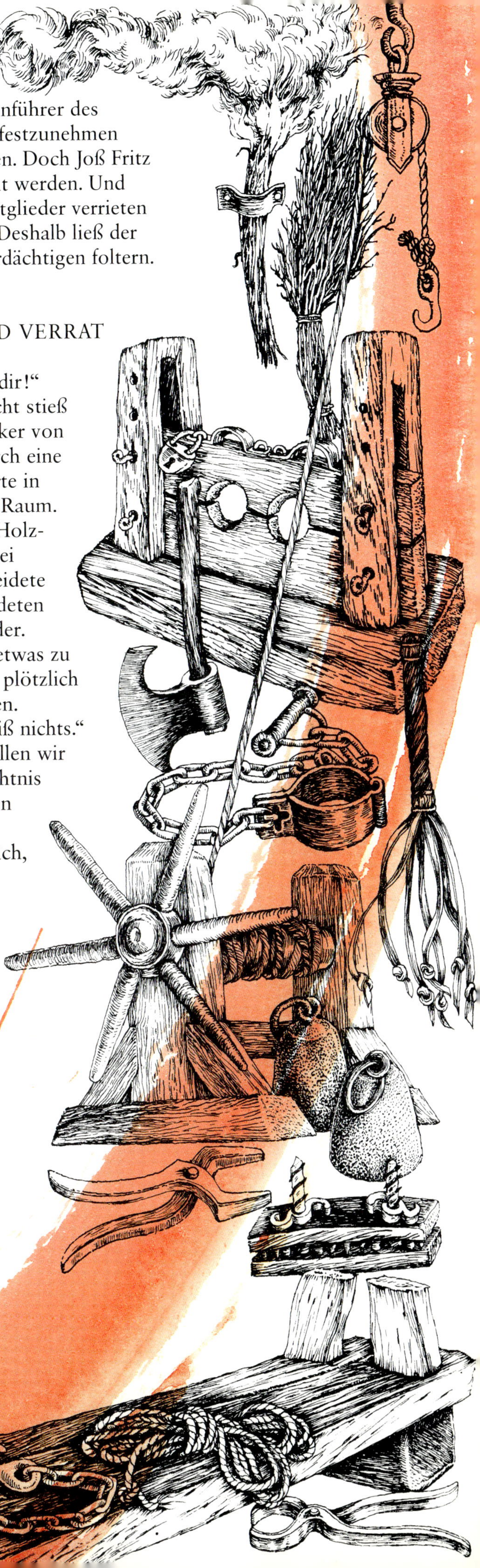

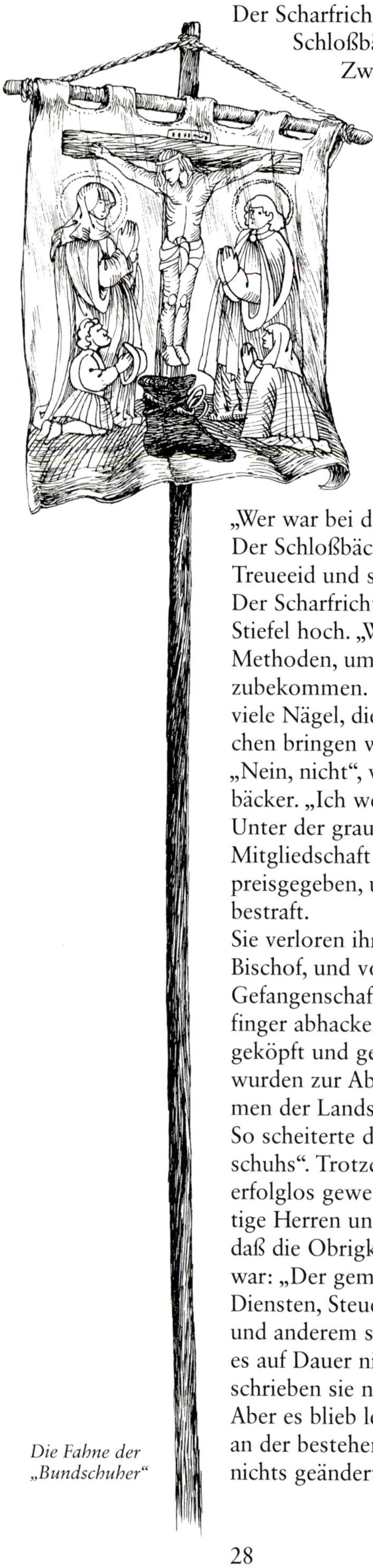

Die Fahne der „Bundschuher“

Der Scharfrichter trat vor, und der Schloßbäcker zuckte zusammen. Zwei Knechte leuchteten mit Fackeln, und er sah die Streckbank, die Spanischen Stiefel, die Daumenschrauben und begann zu zittern.
Der Scharfrichter zeigte auf die Daumenschrauben. „Damit fangen wir an“, sagte er. „Ich werde deine Daumen einspannen und dann langsam zudrücken.“
Der Schloßbäcker schüttelte den Kopf. „Nein!“
„Die Namen!“ kam es scharf vom Richtertisch. „Wer war bei der Verschwörung dabei?“
Der Schloßbäcker dachte an seinen Treueeid und schwieg.
Der Scharfrichter hob die Spanischen Stiefel hoch. „Wir haben noch andere Methoden, um die Namen aus dir herauszubekommen. Die Stiefel haben innen viele Nägel, die dich bestimmt zum Sprechen bringen werden“, erklärte er ruhig.
„Nein, nicht“, wimmerte der Schloßbäcker. „Ich werde die Namen sagen.“
Unter der grausamen Folter wurde die Mitgliedschaft vieler „Bundschuher“ preisgegeben, und diese wurden hart bestraft.
Sie verloren ihren gesamten Besitz an den Bischof, und vor ihrer Entlassung aus der Gefangenschaft ließ er ihnen die Schwurfinger abhacken. Einige Männer wurden geköpft und gevierteilt, und ihre Leichen wurden zur Abschreckung an den Bäumen der Landstraße aufgehängt.
So scheiterte der Aufstand des „Bundschuhs“. Trotzdem schien er nicht völlig erfolglos gewesen zu sein, denn einsichtige Herren und Fürsten erkannten wohl, daß die Obrigkeit am Aufstand schuld war: „Der gemeine Mann ist mit Fronden, Diensten, Steuern, geistlichem Gericht und anderem so merklich beschwert, daß es auf Dauer nicht zu leiden sein wird“, schrieben sie nieder.
Aber es blieb lediglich bei der Einsicht – an der bestehenden Ordnung wurde nichts geändert.

EIN ZWEITER VERSUCH

Joß Fritz war entkommen und untergetaucht. Jahrelang lebte er unerkannt in verschiedenen Gebieten des Reiches.
Sein Ziel verlor er aber auch in der Verbannung nie aus den Augen.
Zehn Jahre nach dem gescheiterten Aufstand, im Jahr 1513, schien ihm die Zeit reif und günstig für einen zweiten Versuch. Eine allgemeine Welle der Unruhe ging nämlich über das Land. In vielen Städten erhoben sich Bürger gegen die Mißwirtschaft des Rates und verlangten größeres Mitspracherecht. In der Schweiz setzten die Bauern ihre Forderungen nach Aufhebung der Leibeigenschaft und Wiederherstellung des alten Rechts mit einem Aufstand durch.
1513 warb Joß Fritz in der Nähe von Freiburg erneut für den „Bundschuh“.
Er ließ eine Fahne nähen, auf der neben einem Kruzifix und der Jungfrau Maria auch der heilige Johannes, die Herrschaftszeichen von Papst und Kaiser, ein Bauernpaar und ein Bundschuh zu sehen waren.
In einer Flugschrift wurden die Ziele des „Bundschuhs“ zusammengefaßt und verbreitet. Ein Berichterstatter aus dieser Zeit nennt in seinen Aufzeichnungen die wichtigsten Punkte:

„Ihr Ansinnen ist dies gewesen: daß sie keinem Herrn mehr untertan und gehorsam sein wollten, außer dem Kaiser und dem Papst. Zum andern, daß Holz und Wasser, auch alles Wild frei sein solle.
Zum dritten, daß sie nicht mehr Zinsen zahlen wollten. Zum vierten wollten sie durchsetzen, daß ein jeder Priester nur wenig Grundbesitz haben solle.
Zum fünften wollten sie die überflüssigen Zinsen und Renten der Klöster sich zu eigen machen, damit sie und ihre Kinder besser leben könnten.“

Doch auch dieser „Bundschuh“ wurde verraten. Ein Knecht, der einen anderen im Streit erschlagen hatte, wollte mit dem Verrat der geheimen Bewegung seine Straffreiheit erlangen. Zweihundert Reiter des Bischofs schleppten die verratenen

Männer aus ihren Häusern und Hütten. Sie drangen auch in das Haus von Joß Fritz ein, fanden aber nur seine Frau Else und nahmen sie mit. Trotz der Folter gab keiner der Gefangenen zu, den Namen Joß Fritz jemals gehört zu haben.
Wieder wurden viele „Bundschuh“-Mitglieder hingerichtet. Doch diesmal gab es sogar aus Handwerker- und Bürgerkreisen Widerspruch gegen die harte Bestrafung. Dies zeigt deutlich, daß der „Bundschuh“ in der Zwischenzeit viele Anhänger in Stadt und Land gewonnen hatte. Trotz des erneuten Scheiterns hatte er sich zu einer Macht entwickelt, mit der die Obrigkeit jederzeit rechnen mußte.

DER DRITTE ANLAUF

Joß Fritz tauchte erneut unter, und erst im Frühjahr 1517 ließ er sich wieder in seiner Heimat sehen. Zum dritten Mal warb er für den „Bundschuh“.
Die schweren Rückschläge von 1502 und 1513 hatten ihn noch nicht entmutigt. Unbeirrt hielt er an seinem Ziel fest, für Freiheit und Gerechtigkeit zu kämpfen. Doch dazu waren ein klares Programm und eine straffe Organisation notwendig. Das Programm durfte allerdings nicht nur bäuerliche Interessen berücksichtigen, sondern mußte so allgemein formuliert sein, daß sich alle Menschen im Reich dafür einsetzen konnten.
Zweimal hatte sich Joß Fritz auf kleine Gebiete beschränkt und versucht, dort möglichst viele Anhänger zu gewinnen. Zweimal wurde durch einen Verräter alles zunichte gemacht. Auch daraus hatte Joß Fritz gelernt. Es mußte gelingen, in einem viel größeren Gebiet noch mehr Menschen für den Aufstand zu gewinnen. Ein solches Ziel konnte er nicht allein erreichen, zumal er sich vor der Obrigkeit verbergen mußte.
In Stoffel von Freiburg, einem Landsknechthauptmann, fand er einen Mann, dem er die militärische Führung überließ. Für das Anwerben der Mitglieder war Michel von Dinkelsbühl verantwortlich. Bei der Frau von Joß Fritz liefen viele Fäden zusammen.
Er selber arbeitete im Verborgenen, traf sich aber gelegentlich mit seinen Leuten, um sich berichten zu lassen und neue Anweisungen zu geben. Den wichtigsten Leuten bezahlte er sogar einen Sold.
Sein neues Programm entsprach nicht mehr nur den Forderungen der Bauern. Es sollte alle Leute ansprechen, die in einem neuen und gerechten Staat leben wollten. Es war radikaler als alle Programme und forderte zum Beispiel die Abschaffung von Adel und Ritterschaft. Der neue Staat sollte nur Kaiser und Papst unterstellt sein.
Anfang September 1517 wollte Joß Fritz losschlagen. Da packte einen „Bundschuher“ die Angst, daß er im Fegefeuer büßen müßte, wenn er sich gegen die Obrigkeit erheben würde. Also beichtete er seinem Pfarrer. Dieser hielt sich jedoch nicht an das Beichtgeheimnis und gab die Information an den Bischof weiter, der sofort handelte. Schnell waren die ersten „Bundschuher“ gefangen, die unter der Folter Namen, Pläne, Erkennungszeichen und sogar das Losungswort preisgaben. Dies war das Ende des Geheimbundes „Bundschuh“.
So war Joß Fritz zum dritten Mal nicht an seinen Gegnern, sondern an einem Verräter gescheitert.

Ein wankelmütiger „Bundschuher“ verrät Joß Fritz und die Bauern.

Herzog Ulrich von Württemberg
Weinsberg
Neckar
Rems
Beutelsbach
Schorndorf
Stuttgart
Sindelfingen
Böblingen
Würm
Nagold
Herrenberg
WÜRTTEMBERG

DIE GRÜNDUNG DES „ARMEN KONRAD“

In Württemberg regierte seit 1503 der junge Herzog Ulrich. Schon mit elf Jahren war er Herzog geworden, und mit sechzehn übernahm er die Herrschaft über das Land. In zügelloser Lebenslust tat er nur, wonach ihm gerade der Sinn stand.
Er veranstaltete ein Fest nach dem anderen, holte zu seiner Unterhaltung die besten und teuersten Künstler an den Hof nach Stuttgart und reiste viel mit großem Gefolge. Das alles verschlang natürlich Unsummen.
Im März 1511 heiratete Herzog Ulrich. Die Hochzeit dauerte fünf Tage. Etwa 7000 Gäste kamen nach Stuttgart, doch nur die vornehmsten von ihnen konnten im Schloß wohnen. Herzog Ulrich befahl deshalb den Bürgern, ihre Häuser seinen Gästen zur Verfügung zu stellen und sich eine andere Unterkunft zu suchen. Für das Fest wurden über hundert Ochsen und 1800 Kälber geschlachtet, tonnenweise Getreide zu Brot gebacken, und aus zwei Brunnen floß Tag und Nacht Wein.
Diese verschwenderische Hofhaltung führte bald zu einer so großen Verschuldung des Landes, daß bei reichen Bank-

Bei Hofe werden prachtvolle Feste gefeiert, die viel Geld verschlingen. Deshalb zwingt die Obrigkeit die Bauern zu immer höheren Abgaben.

Das Gottesurteil beweist, daß der Herzog mit seinen hohen Forderungen unrecht tut.

häusern Geld in hohen Summen geliehen werden mußte. Die Staatseinkünfte reichten aber kaum aus, um die Zinsen für die hohen Schulden zu bezahlen. Deshalb sollten wieder einmal die Steuern erhöht werden. Die herzoglichen Finanzbeamten hatten sich diesmal eine ganz besondere Finte ausgedacht: Statt wie üblich die Waren zu verteuern, wurden Maße und Gewichte vermindert. Ein Pfund war nun nicht mehr ein Pfund, ein Liter nicht mehr ein Liter. Trotzdem mußte der gleiche Preis wie bisher dafür bezahlt werden. Dieser hinterhältige Plan löste in weiten Teilen des Landes große Empörung aus.

Da hatte ein junger Mann aus dem Remstal, genannt „Gaispeter“, die glänzende Idee, die neuen Maße und Gewichte einem „Gottesurteil“ zu unterwerfen.

DAS GOTTESURTEIL

Im Mittelalter war der Glaube an die Gültigkeit eines Gottesurteils noch tief verwurzelt. So wurden in Hexenprozessen über viele Frauen Gottesurteile gefällt. Man fesselte sie an Händen und Füßen und warf sie in den Fluß. Schwammen sie auf der Wasseroberfläche, war dies der Beweis dafür, daß sie mit dem Teufel im Bund standen. Dann wurden sie verbrannt. Gingen sie aber unter, war damit ihre Unschuld erwiesen, und sie erhielten ein christliches Begräbnis.

Am 2. Mai 1514 holte der Gaispeter die neuen Gewichtssteine von der Ortswaage, zog unter den begeisterten Rufen einer johlenden Menschenmenge an den Fluß und rief: „Wenn der Herzog recht hat und die Gewichte gerecht sind, dann

werden sie oben schwimmen. Haben aber die Bauern recht, dann werden sie auf den Grund des Flusses sinken."
Mit diesem Ausruf warf er die neuen Gewichte ins Wasser – und sie versanken sofort. Der Jubel unter den Zuschauern war groß. Die Bauern holten die Gewichte aus dem Wasser und zogen mit ihnen weiter in andere Dörfer und Städte, um das Gottesurteil zu wiederholen.
Und bald stand das ganze Remstal in hellem Aufruhr.
Herzog Ulrich gelang es, den sich anbahnenden Aufstand vorübergehend einzudämmen, indem er die Steuererhöhung wieder rückgängig machte und versprach, die Klagen des Volkes zu überprüfen.
Doch das Land war von einer Unruhe erfaßt, die sich nicht wieder legte.

BUND DER UNTERDRÜCKTEN

Unzufriedene Bauern, Handwerker, Handelsleute und einfache Bürger schlossen sich zu einem Bund zusammen, den sie „Armer Konrad" nannten. So wurden die Bauern von Adeligen und reichen Bürgern oft geringschätzig bezeichnet. Das bedeutete soviel wie „armer Kerl" oder „armer Teufel".
Der „Arme Konrad" kämpfte nicht nur gegen die ungerechte Behandlung durch den Herzog und sein Gefolge: Anstelle des bisher geltenden alten Rechts war in Württemberg das Römische Recht eingeführt worden. Nun saßen nicht mehr Dorfrichter, die nach altem Recht entschieden, sondern studierte Männer in den Gerichten. Sie fällten die Urteile in Latein, der Gelehrtensprache, die sonst niemand verstand. Die Leute forderten die Wiedereinführung der alten Rechtsprechung. Außerdem wurde über die hohen Abgaben und die Frondienste geklagt. Auch die Rechte der Bauern wurden immer mehr eingeschränkt. Sie durften zum Beispiel kein Wild jagen oder von ihren Feldern vertreiben, auch wenn es die junge Saat vernichtete.
Die Beschwerden aus dem ganzen Land häuften sich, und der „Arme Konrad" gewann viele Anhänger.

Trotzdem kam es zu keinem Aufstand, denn der „Arme Konrad" hatte keinen Organisator wie Joß Fritz, der eine Erhebung geplant hätte. Außerdem waren die Württemberger trotz aller Mißstände sehr obrigkeitstreu. Für die meisten von ihnen war der Sturz ihres „gottgegebenen" Herzogs unvorstellbar. Ihr Hauptanliegen war die Wiedereinführung des alten Rechts.
Auch den Bauern im Remstal ging es vor allem um das alte Recht, als sie sich erneut versammelten. Herzog Ulrich kam zu ihnen, aber nicht, um ihre Klagen anzuhören, sondern um sich seinerseits bei ihnen zu beschweren: „Wir sind enttäuscht von euch und empört über eure Aufsässigkeit. Ihr seid ein undankbares Volk und habt unsere Gutmütigkeit nicht verdient. Aber wir wollen gnädig sein und euch verzeihen."
„Schießt doch auf den Lumpen!" rief einer aus der Menge. Es wurde unruhig.
Aber die 7000 bewaffneten Bauern konnten sich nicht dazu entschließen, ihren Herzog von seinem hohen Roß zu holen, und ließen ihn mit seinem Gefolge davonreiten.
Doch Herzog Ulrich war nicht so zurückhaltend wie seine Untertanen. Zwei Wochen nach der Versammlung wurden rund 1700 Remstaler Bauern von seinen Soldaten gefangengenommen, eingekerkert und gefoltert. Ihre Anführer wurden geköpft. Der Herzog ließ ihre Köpfe auf Pfähle spießen, „dem Volk zur Unterhaltung und jenen, die immer noch an Aufruhr denken, zur Warnung".
Damit war auch diese Gruppe unzufriedener Menschen zum Schweigen gebracht worden.

LUTHERS EINFLUSS AUF DIE BAUERN

Viele Menschen hatten große Hoffnungen auf den „Bundschuh" und den „Armen Konrad" gesetzt. Nun, da alle Versuche gescheitert waren, Freiheit und Gerechtigkeit für die kleinen Leute zu erkämpfen, richtete sich die Hoffnung vieler Menschen wieder stärker auf das Jenseits. Weil das Leben auf Erden eine Qual war, sehnten sie sich nach einem friedlichen Plätzchen in einem anderen Leben. Dafür waren sie zu großen Opfern bereit, und das nützte die Kirche aus. Papst Leo X. war an kirchlichen Fragen und Problemen nicht sehr interessiert – aber um so mehr an Geld, Pracht und Macht. Er wollte sich schon zu Lebzeiten ein Denkmal setzen lassen: die Peterskirche in Rom. Doch so ein riesiges Bau- und Kunstwerk kostete natürlich ein Vermögen.

Johann Tetzel zieht über das Land, um Ablaßbriefe zur Vergebung der Sünden zu verkaufen.

Um das Geld aufzutreiben, kam er auf folgende Idee:
Nach der kirchlichen Lehre mußten die Menschen nach ihrem Tod durch das Fegefeuer gehen, um von ihren Sünden gereinigt zu werden. Erst dann konnten sie in den Himmel kommen. Diese unermeßlichen Qualen konnte die Kirche den Gläubigen ganz oder teilweise erlassen, wenn sie dafür bezahlten.

DER ABLASSHANDEL

„Ablaßhandel" nannte man diesen Betrug. So sah ein Ablaßbrief aus:

> „Wir tun kraft der uns verliehenen Gewalt durch diesen Brief kund und zu wissen, daß der ... von dem von ihm verübten Totschlag freigesprochen ist. Wir befehlen allen und jedem einzelnen, kirchlichen Amtspersonen und Laien, daß niemand diesen ... irgendwie wegen Totschlags anklage, verurteile oder verdamme."

Jede Tat hatte ihren festen Preis. Dieser „Freispruch" kostete beispielsweise sieben Dukaten. Bei Kirchenraub waren neun, bei Vatermord vier Dukaten zu bezahlen. Der Papst schickte Ablaßhändler in alle Himmelsrichtungen, damit sie die Gläubigen gegen Geld von ihren Sünden lossprachen. Der bekannteste von ihnen war der Dominikanerpater Johann Tetzel. Wie ein Marktschreier zog er durch die Lande und verkaufte die Ablaßbriefe des Papstes an viele gutgläubige Menschen. Diese bezahlten willig die verlangte Summe, um ihre Sünden loszuwerden.

LUTHERS 95 THESEN

Solche Bescheinigungen kamen in Wittenberg einem Mönch namens Martin Luther in die Finger. Luther war empört. Jahrelang hatte er sich bemüht, die Bibel zu verstehen, um den rechten Weg zu Gott zu finden, und nun erzählte dieser Tetzel, daß die Gnade Gottes ganz „billig" zu haben sei. Und dabei berief er sich auch noch auf den Papst. Dagegen wollte Luther etwas unternehmen. Im Oktober 1517 verfaßte er 95 Sätze, auch Thesen genannt, gegen den Ablaßhandel.
Einige dieser Thesen lauteten:

20. Wenn daher der Papst vollkommenen Erlaß aller Strafen verleiht, so meint er damit nicht alle Strafen überhaupt, sondern nur diejenigen, die er selbst auferlegt hat.
21. Deshalb irren die Ablaßprediger, die da sagen, daß durch des Papstes Ablaß der Mensch von allen Strafen befreit werde.
27. Menschenlehre predigen die, die sagen: Wenn die Münze im Kasten klingt, fliegt die Seele sogleich aus dem Fegefeuer empor.
36. Ein jeder Christ, der wahre Reue und Leid empfindet über seine Sünden, der hat die völlige Vergebung von Strafe und Schuld auch ohne Ablaßbriefe.
45. Man muß die Christen lehren: Wer einen Bedürftigen sieht und sich seiner nicht annimmt, sondern Ablaß kauft, erwirbt sich nicht den Ablaß des Papstes, sondern den Zorn Gottes.

Luther kritisierte das Verhalten des Papstes und fragte, warum der reiche Papst die Peterskirche nicht mit seinem eigenen Geld baue, sondern den Armen ihr geringes Geld raube.
Ein Exemplar seines Thesenpapiers schickte Luther dem zuständigen Bischof, ein weiteres dem Erzbischof Albrecht von Mainz. Er bat nachdrücklich darum, „das schamlose Treiben und die lästerlichen Reden der Ablaßprediger zu unterbinden".
Doch die kirchlichen Würdenträger waren nicht an einer Diskussion mit Luther interessiert.
Um so mehr Aufsehen erregten die Thesen bei den Gläubigen. In kurzer Zeit wurden sie in großer Zahl gedruckt und verbreitet.
Nun wurden die wahren Hintergründe für den Ablaßhandel bekannt. Viele Gläubige erkannten, daß es Bischof und Papst nicht um ihr Seelenheil, sondern nur um ihr Geld ging.
Luther wartete auf eine Reaktion der Kirche und der Theologen auf seine Thesen. Doch es kam weder eine Stellungnahme noch eine Einladung zu einem Gespräch.

Der Papst in Rom braucht viel Geld, um die Peterskirche bauen zu können.

Martin Luther geht gegen den Ablaßhandel vor.

Voller Zorn schrieb Luther im Jahr 1517: „Wenn wir Diebe mit Strang, Mörder mit Schwert, Ketzer mit Pest strafen: Warum greifen wir nicht diese schändlichen Lehrer des Verderbens mit allerlei Waffen und waschen unsere Hände mit Blut?"

Johann Tetzel wehrte sich mit allen Mitteln gegen Luther. Zuerst versuchte er es mit Gegenthesen, doch die blieben ziemlich wirkungslos. Dann beschuldigte er Luther der Irrlehre und der Ketzerei und erreichte, daß Luther angeklagt wurde. Ihm drohte nun der Tod auf dem Scheiterhaufen.

Im Oktober 1518 mußte Luther in Augsburg vor dem Gesandten des Papstes, Kardinal Cajetan, erscheinen. Dieser verlangte von Luther, seiner Irrlehre abzuschwören und zu widerrufen.

Dazu war Luther jedoch nicht bereit, es sei denn, man könne seine Thesen mit der Heiligen Schrift widerlegen.

Um einer Verhaftung zu entgehen, flüchtete Luther im Oktober 1518.

Er wußte, daß sein Leben in Gefahr war, doch er ging seinen Weg unbeirrt weiter.

„VON DER FREIHEIT EINES CHRISTENMENSCHEN"

Im Jahr 1520 erschienen kurz hintereinander seine wichtigsten Schriften, in denen er sich zum erstenmal mit sozialen und politischen Fragen befaßte. Die große Not so vieler Menschen sei nicht der Wille Gottes, schrieb er. Vor allem der Papst und die Geistlichen seien schuld an den Mißständen. Deshalb müßten sie der weltlichen Obrigkeit unterworfen werden und alle Macht verlieren.

Die meistgelesene Schrift Luthers war „Von der Freiheit eines Christenmenschen".

Sie begann mit dem Satz:

„Ein Christenmensch ist ein freier Herr über alle Dinge und niemand untertan."

Dieser Satz verbreitete sich wie ein Lauffeuer. Er elektrisierte die Menschen.

Für sie war Luther der lange erwartete Erlöser, denn er kritisierte die bestehende Ordnung von der Bibel her und ermahnte die Mächtigen, die Mißstände zu beseitigen.

Seine Schriften wurden mit großem Jubel aufgenommen, und seine Lehren – wenn auch nicht immer richtig verstanden – wurden bis in die letzten Winkel des Reiches getragen. Seine Gedanken brachten Dinge in Bewegung, an denen seit Jahrhunderten niemand zu rütteln gewagt hatte.

Luther sprach aus, was die einfachen Menschen empfanden. Dabei benutzte er nicht die Gelehrtensprache Latein, sondern die Sprache des Volkes. So konnte ihn jeder verstehen.

DER WORMSER REICHSTAG

1521 wurde Luther zum Reichstag nach Worms geladen, um dort seine Thesen vor dem Kaiser, den Kurfürsten, Fürsten und Bischöfen, Grafen und den Abgeordneten der Freien Reichsstädte zu widerrufen.

Ein Sprecher des Kaisers fragte ihn:

„Martinus, willst du etwas aus deinen Schriften widerrufen?"

„Ich will und kann nicht widerrufen. Denn gegen das Gewissen zu handeln ist weder sicher noch heilsam. Hier stehe ich, ich kann nicht anders. Gott helfe mir. Amen", sagte Luther.

„Ins Feuer mit ihm!" rief jemand im Saal.

Aber Kaiser Karl V. hatte Luther freies Geleit zugesagt, und er hielt sein Wort. Doch vier Wochen nach dem Wormser Reichstag verbannte er Martin Luther.

Es wurde jedermann bei Strafe verboten, Martin Luther bei sich aufzunehmen, ihn zu unterstützen oder seine Schriften zu kaufen und zu lesen.

Dieses Schreiben wurde im ganzen Land verteilt und veröffentlicht:

„Wir gebieten Euch allen bei Strafe, daß Ihr den Martin Luther nicht hauset, hofet, speiset, tränket, noch ihm mit Wort und Werk irgendwelche Hilfe erweiset, sondern wo Ihr ihn treffen möget, ihn gefangennehmet und ihn uns wohlbewahrt zusendet. Seine Anhänger soll jedermann niederwerfen und fangen und ihre Güter in Besitz nehmen und für sich behalten. Seine bösen und verführerischen Schriften soll niemand kaufen, verkaufen, lesen, abschreiben und drucken oder drucken lassen, sondern sie vertilgen."

DIE REFORMATION

Doch Luther hatte viele und mächtige Freunde. Sein Landesherr, Kurfürst Friedrich von Sachsen, versteckte ihn auf der Wartburg, wo Luther das Neue Testament ins Deutsche übersetzte.
Innerhalb der Kirche zeigten sich nun Veränderungen: Viele Geistliche hielten die Messen in deutscher Sprache und nicht länger in Latein. Sie gaben den Gemeindemitgliedern beim Abendmahl nicht nur Brot, sondern auch Wein, was jahrhundertelang verboten gewesen war. Viele Mönche verließen die Klöster, um Luthers Lehren zu predigen. Mönche und Nonnen brachen ihr Gelöbnis und heirateten. Immer mehr Menschen wurden zu Anhängern Luthers.
Obwohl es Luther in seinen Schriften vor allem um das Verhältnis des Menschen zu Gott ging, bezogen die Menschen seine Lehren auch auf das irdische Leben.
So begannen viele Bauern nach der biblischen Begründung für ihre Lasten zu fragen. Die Bibel war das einzige, woran sich die Bauern hielten.
Sie glaubten weder den geistlichen noch den weltlichen Herren. Und sie fühlten sich nicht mehr zum Gehorsam verpflichtet: Nur Gott und ihrem Gewissen wollten sie folgen. Die Reformation beschränkte sich also nicht auf die Religion, sondern betraf alle Lebensbereiche. Die Ziele der Reformation – Freiheit und Selbstbestimmung aller Menschen, brüderliche Liebe, Beseitigung aller Vorrechte – waren nicht verwirklicht.
Nicht nur die Kirche, sondern auch die Gesellschaft sollte deshalb vollkommen verändert werden.
Martin Luther gab den einfachen Menschen ein bisher nie gekanntes Selbstbewußtsein und den Mut, sich der Obrigkeit zu widersetzen. Und er hatte ihnen anhand der Bibel gezeigt, daß sie die herrschenden Mißstände nicht länger ertragen mußten, sondern daß sie dagegen auch angehen durften.

Im Jahr 1517 veröffentlicht Luther seine 95 Thesen und wendet sich mit dem Vorwurf, aus Geldgier ihre eigentlichen Aufgaben nicht mehr wahrzunehmen, gegen Papst und Kirche.

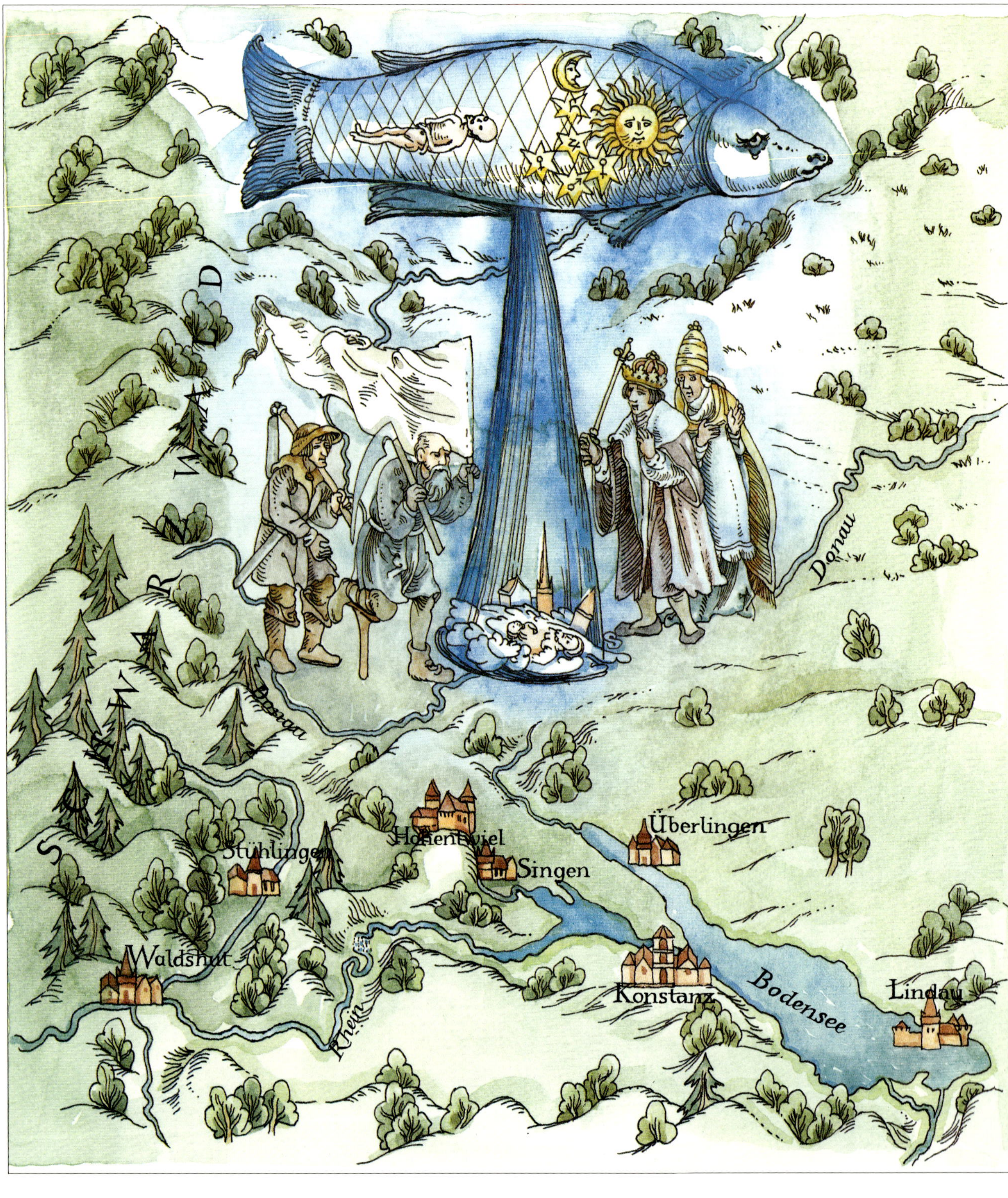
Donau
Donau
Hohentwiel
Stühlingen
Singen
Überlingen
Waldshut
Rhein
Konstanz
Bodensee
Lindau

DIE BAUERN WAGEN DEN AUFSTAND

In Deutschland erschienen zu Beginn des 16. Jahrhunderts über fünfzig Schriften, in denen Katastrophen und großes Unheil für die ganze Menschheit prophezeit wurden. Manche sahen gar das Ende der Welt nahen. Ein Tübinger Mathematiker hatte schon im Jahr 1499 berechnet, daß im Februar 1524 eine große Sintflut über die Welt kommen würde. Und ein Wiener Astrologe, der bereits einen Bauernaufstand in Österreich im Jahr 1515 richtig vorausgesagt hatte, sah große Unruhen kommen: Die Stellung der Sterne zeige „Uneinigkeit und Aufruhr zwischen dem gemeinen Mann und der Pfaffheit".
Die allgemeine Stimmung drückte sich in folgendem Sprichwort aus: „Wer 1523 nicht stirbt, 1524 nicht im Wasser verdirbt und 1525 nicht wird erschlagen, der mag wohl von Wundern sagen."
Nun, das Ende der Welt kam im Februar 1524 nicht. Aber überall, vor allem im Südwesten des Reiches, brachen bis Mitte des Jahres 1524 zahlreiche Unruhen aus. Viele Bauern weigerten sich, die Abgaben und Frondienste zu leisten.

In dieser gespannten Situation geschah folgendes:
Die Bauern der Grafschaft Stühlingen wollten einen schönen Sonntagnachmittag nutzen, um die Heuernte einzubringen. Da befahl ihnen ihre Herrin, die Gräfin von Lupfen, alles stehen- und liegenzulassen, um für sie leere Schneckenhäuser zu sammeln, die sie brauchte, um buntes Garn daraufzuwickeln.
Die Stühlinger Bauern waren es gewohnt, wie Leibeigene behandelt zu werden, obwohl sie keine waren. Der Graf verlangte von „seinen" Bauern Frondienste, die weit über das sonst übliche Maß hinausgingen. Wenn es die Gräfin plötzlich gelüstete, mußten die Bauern Krebse fangen, Beeren pflücken, Kräuter suchen oder Pilze sammeln.

Die Gräfin von Lupfen befiehlt den Bauern, die Heuernte zu unterbrechen und Schneckenhäuser für sie zu sammeln.

Das alles ertrugen die Leute als ihr gottgegebenes Schicksal. Daß sie aber mitten in der Heuernte ihre Arbeit im Stich lassen sollten, ging selbst den braven Stühlinger Bauern zu weit. Sie verweigerten ihrer Herrschaft zum erstenmal einen Dienst.
Die Stühlinger Bauern dachten nicht an einen Aufstand. Sie wollten auch weiterhin als treue Untertanen die Arbeiten erledigen, die die Herrschaft von ihnen verlangte. Sie wehrten sich nur gegen die vielen Einschränkungen ihrer alten Rechte. Deswegen wollten sie einem Schiedsgericht aus Bauern, Bürgern und Adeligen ihre Klagen und Forderungen vortragen.
Da Graf Sigmund auf Reisen war, verhandelte sein Neffe und Erbe Graf Georg mit den Bauern. Aber man kam zu keinem Ergebnis, weil der Graf nur Adelige als Schiedsrichter über die bäuerlichen Beschwerden einsetzen wollte. Bürger und Bauern lehnte er ab.

Georg Truchseß von Waldburg, genannt „der Bauernjörg", ist der Feldherr der Heere des Schwäbischen Bundes, die im Frühjahr 1525 die aufständischen Bauern grausam niederwerfen.

DIE ERHEBUNG DER STÜHLINGER BAUERN

Daraufhin taten sich die Stühlinger mit mehreren Dorfgemeinden in der Umgebung zusammen. Sie wählten einen Hauptmann und einen Fähnrich und fertigten eine Fahne an.
Ihr Hauptmann, Hans Müller, war ein ehemaliger Landsknecht. Er kannte das Kriegswesen und war klug und redegewandt.
Da er mit einer gewaltsamen Auseinandersetzung rechnete, suchte er sofort nach Unterstützung, und fand sie bei den Bürgern des Städtchens Waldshut am Oberrhein.
Im August 1524 kamen 1200 Bauern aus der Grafschaft Stühlingen nach Waldshut und schlossen mit den Bürgern der Stadt ein Bündnis, um sich gegenseitig zu unterstützen und zu schützen. Dann marschierten die bewaffneten Bauern zu ihrem Herrn, um mit ihm zu verhandeln. Es wurde ein Vertrag ausgehandelt, aber kurz vor der Unterzeichnung verlangte der Graf, die Bauern sollten niederknien und bekennen, daß sie Unrecht getan hätten. Dazu waren die Bauern jedoch nicht bereit, denn sie fühlten sich im Recht. So konnte keine Einigung erzielt werden, und die Unruhen verbreiteten sich weiter.

DIE HEGAUBAUERN VERBÜNDEN SICH

Auch die Hegaubauern versammelten sich bei Singen am Hohentwiel und wählten einen Hauptmann. Gemeinsam mit den Stühlinger Bauern zogen sie in Richtung Schwarzwald. Überall in den Dörfern ließen sie ihre Forderungen verlesen, hörten sich die Klagen der Leute an und warben um Unterstützung. Viele Bauern schlossen sich ihnen an, und bald marschierten über 4000 Männer weiter. Obwohl die Bauern friedlich waren, bekamen manche Herren Angst. An eine gewaltsame Niederwerfung des Aufstands war nicht mehr zu denken.
Dem Bürgermeister von Überlingen am Bodensee gelang es, die Bauern von seiner Idee zu überzeugen: Er wollte ein Schiedsgericht aus Bürgern und Bauern zusammenrufen, das die Beschwerden der Bauern prüfen sollte. Diesen Vorschlag hatte der Graf von Lupfen bisher abgelehnt, doch jetzt konnte er sich dem Plan nicht mehr entgegenstellen. Die Bauern beendeten ihren Aufstand und zogen friedlich nach Hause.
Zum erstenmal konnten Bauern und Bürger ihre Forderungen gegen die Obrigkeit durchsetzen. Und obwohl sie deutlich überlegen waren, blieben ihre Forderungen maßvoll.
Doch die Bauern erkannten nicht, daß die Herren nur Zeit gewinnen wollten, um Truppen zusammenzuziehen und die Bauern erneut zu unterwerfen.
Sie dachten gar nicht daran, Verträge und Abmachungen mit ihnen einzuhalten.

Die Bauern dagegen nahmen die Verhandlungen sehr ernst und betrachteten die Vereinbarung als großen Erfolg.

DIE CHRISTLICHE VEREINIGUNG

Geistliche und weltliche Führer, Adelige und Reichsstädte wollten gemeinsam gegen die aufständischen Bauern vorgehen. Die einzige schlagkräftige Armee, die ihnen zu diesem Zweck sofort zur Verfügung stand, war die des „Schwäbischen Bundes".
Dieser Bund war 1488 von den schwäbischen Städten und Adeligen ursprünglich zur Sicherung des Landfriedens und zum Schutz der Reichsgrenzen geschaffen worden. Im Lauf der Zeit traten zahlreiche Fürsten aus dem ganzen Reich diesem Bund bei.
Da die Zusammenkünfte und Forderungen der Bauern die bestehende Ordnung zu gefährden drohten, wurde der Schwäbische Bund unter seinem Anführer Georg Truchseß von Waldburg gegen die Bauern in Marsch gesetzt.
Der Truchseß zog mit seinen Truppen in Richtung Schwarzwald, dem Ursprungsgebiet der Bauernaufstände, um dort endlich für Ruhe zu sorgen.
Seit dem Herbst 1524 hatten die Stühlinger und die Hegauer Bauern vergeblich auf die Prüfung ihrer Klagen vor einem Schiedsgericht gewartet, doch im Frühjahr 1525 war ihre Geduld erschöpft.
Sie versammelten sich erneut, um sich zu einer „Christlichen Vereinigung" zusammenzuschließen. Alle Dörfer machten mit, und kaum ein Bauer blieb zu Hause.
Die Bauern verfaßten einen „Artikelbrief der Christlichen Vereinigung", der von einem Herold überall verlesen wurde.
Sie klagten darin die bestehende Ungerechtigkeit an und riefen zur Unterstützung ihrer Ziele auf.
Der Artikelbrief war das radikalste Programm der süddeutschen Bauern. Städte, weltliche und geistliche Herren sollten der Christlichen Vereinigung beitreten, um eine neue Gemeinschaft zu schaffen. Alle Menschen sollten in brüderlicher Liebe miteinander leben.

Ein Herold verliest in den Ortschaften den Artikelbrief der Christlichen Vereinigung, um die Bauern zum Anschluß an die Aufständischen zu bewegen.

Verfaßt hat diesen Artikelbrief wahrscheinlich der Waldshuter Pfarrer Balthasar Hubmayer. Er forderte, daß die neuen Obrigkeiten ohne Rücksicht auf Stand und Geburt vom gesamten Volk gewählt und auch wieder abgesetzt werden sollten, wenn sie ihre Pflichten nicht sorgfältig genug erfüllten.
Die gewählte Obrigkeit dürfe ihr Amt nur auf Zeit innehaben, und die Grundlage allen Handelns seien Gesetze, die für alle gelten müßten.
Mit diesem Programm zogen die Schwarzwälder und Hegauer durch das Land. In kurzer Zeit gelang es ihnen, große Teile der Schwarzwälder Bauern sowie die meisten Bauern des Neckar- und Donaugebietes zum Anschluß an die Christliche Vereinigung zu bewegen.
Dagegen wollte der Truchseß vorgehen. Doch bevor er losmarschieren konnte, erhielt er vom Schwäbischen Bund den Befehl, zuerst die Aufstände in Württemberg und Franken niederzuschlagen.

Donau
Langenau
Leipheim
Günzburg
Ulm
Kloster Roggenburg
Schloß Schemmerburg bei Laupheim
Donau
Riß
Baltringen
Biberach
OBERSCHWABEN
Iller
Memmingen
Waldsee
Wurzach
Weingarten
Wolfegg
ALLGÆU
Kempten

DIE ERHEBUNG DER BAUERN IN SCHWABEN

Nicht nur am Oberrhein und im Schwarzwald waren die Bauern in Bewegung. Auch in anderen Teilen Deutschlands regte sich allmählich Widerstand gegen die Obrigkeit.

DER „BALTRINGER HAUFEN"

Am Heiligen Abend des Jahres 1524 saßen einige Bauern im Baltringer Wirtshaus. Jeder beklagte sich und erzählte, wo ihn der Schuh drückte.
„Der Wind pfeift durch viele Ritzen in meiner Hütte", klagte Johann Botz.
„Und ich habe kein Holz mehr zum Feuermachen."
„Hol dir doch Holz aus dem Wald", sagte Michel Jung.
„Und wenn sie mich erwischen?"
„Ich mag gar nicht mehr heim", stöhnte Hannes Schwarz. „Sechs hungrige Mäuler und eine kranke Frau habe ich zu Hause."
„Es ist ein Elend", sagte der alte Jörg.
„Wir müssen dem Herrn sagen, daß es so nicht weitergehen kann."
Johann Botz lachte. „Gut, geh zum Herrn und sag es ihm."
„Im Badischen haben sich die Bauern auch beschwert", sagte Veit Groß.
„Und weißt du, was die Herren mit ihnen gemacht haben? Bestraft haben sie die Bauern und sogar gefoltert!"
„Wir brauchen einen, der für uns mit den Herren redet", schlug Michel Jung vor. „Aber wer?"
Plötzlich sagte der alte Jörg: „Ulrich, du bist dafür der richtige Mann."
Alle Augen richteten sich auf Ulrich Schmid.
„Der Jörg hat recht, Ulrich, du mußt uns helfen!" riefen die Männer.
Und obwohl Ulrich Schmid als Handwerker mit seiner Familie keine Not litt, war er bereit, den Bauern zu helfen.
„Aber ein paar Männer können gegen die Herren gar nichts ausrichten", sagte er.
„Wir müssen viel mehr sein, wenn wir etwas erreichen wollen."
Die Bauern trafen sich von nun an regelmäßig und berichteten Freunden, Verwandten und Bekannten von ihren Zusammenkünften. Von Mal zu Mal versammelten sich mehr Männer. Waren es am 2. Februar 1525 erst knapp hundert Bauern, trafen sich am 9. Februar schon 2000. Sie kamen bei Laupheim zusammen und schlugen dort ein festes Lager auf. Gesandte des Schwäbischen Bundes erschienen im Lager und ermahnten die Bauern, wieder nach Hause zurückzukehren. Ulrich Schmid hatte Mühe, die Bauern zurückzuhalten, denn sie gingen beinahe auf die Gesandten los. Nur seiner Besonnenheit war es zu verdanken, daß folgende Vereinbarung zustande kam: Jeder Bauer durfte der Herrschaft seine Klagen vortragen. Eine Woche später wollten die Bauern wieder zusammen-

Im Jahr 1525 gründen süddeutsche Bauern den „Baltringer Haufen".

Gesandte des Schwäbischen Bundes suchen die Bauern in ihrem Lager zu Verhandlungen auf. Ihnen werden die Beschwerdebriefe der Bauern übergeben.

kommen und den Gesandten des Schwäbischen Bundes die Beschwerden schriftlich übergeben, über die sie sich mit ihren Herren nicht geeinigt hatten. Doch die Mitglieder des Schwäbischen Bundes dachten nicht daran, diese Abmachung einzuhalten. Sie nutzten die Zwischenzeit, um Truppen zu sammeln. Zu einem günstigen Zeitpunkt wollten sie die Bauern dann überfallen und den Aufstand niederschlagen. Doch auch die Bauern verstärkten ihre Reihen, wählten ehemalige Landsknechte zu militärischen Führern und Ulrich Schmid zum obersten Hauptmann. Die Baltringer Bauern nannten sich von jetzt an „Baltringer Haufen“, was „große Gruppe“ bedeutet.

DIE FORDERUNGEN DER BAUERN

Als die Gesandten des Schwäbischen Bundes wieder ins Lager kamen, packte sie die Angst. Etwa 10 000 Männer, meist Bauern, aber auch Bürger und Geistliche, standen ihnen bewaffnet gegenüber.

Ulrich Schmid beruhigte die Gesandtschaft: „Solange ich der Hauptmann dieses Haufens bin, soll niemandem ein Leid geschehen!“ Er erklärte, daß die Bauern niemanden angreifen, sondern nur ihr Recht haben wollten. Dann übergab er mehr als dreihundert Beschwerdeschriften.

Die Bauern forderten übereinstimmend die Aufhebung der Leibeigenschaft und der Einschränkungen der Freiheit.

Sie wollten von ihrer Herrschaft nicht länger wie Tiere behandelt werden.

Sie wehrten sich auch gegen die hohen Abgaben und die vielen Dienste.

Außerdem forderten sie das Recht, im Wald wieder Bau- und Brennholz schlagen und jagen und fischen zu dürfen.

Einige Dörfer verlangten auch das Recht, ihren Pfarrer selbst zu wählen.

Und schließlich klagten sie über das Gerichtswesen, denn die Strafen waren oft sehr ungerecht. Die Richter sollten wieder nach altem Brauch Recht sprechen.

Um nicht länger der Willkür der Herren ausgesetzt zu sein, forderten die Bauern Gesetze, die ihre Rechte und Pflichten genau festlegten.
Die Gesandten nahmen die Beschwerden entgegen, und das Ende des Aufstands wurde vereinbart. Beim nächsten Treffen rückten die Bauern aber von ihren Beschwerden und Einzelforderungen ab und verlangten eine völlige Neuordnung der Gesellschaft auf der Grundlage der Bibel. Die Bauern schlugen vor, daß Gelehrte über eine neue und gerechte Gesellschaft entscheiden sollten. Auf weitere Verhandlungen mit den Herren verzichteten sie.
Die Gesandten gingen zum Schein auf diese Vorschläge ein. Sie mußten unbedingt Zeit gewinnen, um ihre Truppen aufzustellen.

AUFSTÄNDE IM ALLGÄU UND AM BODENSEE

Auch im Bodenseegebiet verstärkten sich die Unruhen. In der Nähe von Lindau kamen 12 000 Männer zusammen, darunter viele Geistliche und gut ausgerüstete Landsknechte. Sie nannten sich „Seehaufen“ und stellten ähnliche Forderungen wie die Baltringer.
Am stärksten brodelte es aber in der Fürstabtei Kempten im Allgäu. Dort hatte es in den vergangenen hundert Jahren immer wieder Unruhen und 1491 sogar einen bewaffneten Aufstand gegeben.
Die Fürstäbte hatten freie Bauern gezwungen, Hörige zu werden. Die Hörigen hatten sie zu Leibeigenen gemacht und sich selber als deren Erben eingesetzt. Dieses Vorgehen und die Art, wie sie behandelt wurden, rief großen Zorn unter der Bauernschaft hervor. Ein Bauer erzählte zum Beispiel, daß ihn der Abt so lange eingesperrt hatte, bis er sich verpflichtete, Leibeigener zu werden.
Ein höriger Bauer hatte eine Freie geheiratet. Der Abt ließ ihn festnehmen und erzwang unter Drohungen, daß nicht nur der Bauer, sondern auch seine Frau Leibeigene wurden.
Die Bauern hatten Hunderte solcher Fälle gesammelt, in der Hoffnung, ein Gericht

Die Abbildung rechts zeigt das Titelblatt der handschriftlichen Fassung der „Zwölf Artikel".

zu finden, das ihre alten Rechte wiedereinsetzte. Wie die Baltringer wollten sie ihre Forderungen ohne Gewalt durchsetzen. Doch die Verhandlungen mit dem Abt scheiterten. Deswegen entschlossen sich die Allgäuer Bauern, ihre Sache nun selber in die Hand zu nehmen.
7000 Männer versammelten sich und nannten sich „Allgäuer Haufen".

DAS PROGRAMM DER BAUERN

Nicht alle Städte standen auf der Seite der Bauern, aber Memmingen ergriff für sie Partei. Dort war Christoph Schappeler seit 1513 als Pfarrer tätig. Er war ein Anhänger Luthers und setzte sich auch stark für soziale Verbesserungen und politische Veränderungen ein. Sein wichtigster Mitstreiter war der Kürschnergeselle Sebastian Lotzer, der die Bibel sehr gut kannte. Für Lotzer war die Bibel die Grundlage aller Gesetze. Wenn ein Gesetz nicht mit den Aussagen der Bibel übereinstimmte, sollte es abgeschafft werden.
Der Einfluß von Schappeler und Lotzer war so groß, daß sie in Memmingen und den umliegenden Gemeinden tiefgreifende Reformen durchsetzen konnten:
die Abschaffung der Leibeigenschaft, das Recht der Gemeinde, ihren Pfarrer zu wählen, die Erlaubnis für alle, frei zu jagen, zu fischen und Holz zu schlagen, die Zurücknahme einiger Dienste und Abgaben.
Dieser Erfolg der Bauern sprach sich schnell in ganz Oberschwaben herum.
Deswegen ritt Ulrich Schmid Ende Februar 1525 nach Memmingen, um sich bei Schappeler und Lotzer Rat zu holen. Sie sprachen auch über die dreihundert Beschwerdebriefe der Baltringer. Lotzer faßte gemeinsame Punkte der Beschwerden zusammen, ließ Nebensächliches weg und begann, ein Programm zu verfassen,

Der Pfarrer Christoph Schappeler und der Kürschner Sebastian Lotzer verfassen das Programm der Bauern, die „Zwölf Artikel".

das für alle Bauern in allen Gegenden gültig sein sollte. Er prüfte, ob sich die einzelnen Punkte mit der Bibel vereinbaren ließen, und so entstanden schließlich die „Zwölf Artikel", die Grundlage aller Verhandlungen zwischen den Bauern und der Obrigkeit.
Schon einen Monat später wurden die Zwölf Artikel gedruckt. Innerhalb weniger Wochen erschienen vierundzwanzig Nachdrucke im gesamten Reichsgebiet und sogar in den Nachbarländern.
Sie erzielten in kürzester Zeit eine ungeheure Wirkung und wurden in anderen Gebieten als Vorbild übernommen.
Warum erreichten gerade die Zwölf Artikel eine so große Wirkung?
In einer Sprache, die alle verstehen konnten, wurden darin die Nöte, Klagen, Wünsche und Sehnsüchte der kleinen Leute zusammengefaßt. Und sie enthielten Forderungen, denen jeder Christ eigentlich zustimmen mußte, denn sie entsprachen den Geboten Gottes.
Die Artikel waren kein Aufruf zu Aufruhr und Gewalt, sondern zu Frieden und einer gerechten Ordnung.
In der Einleitung zu den Zwölf Artikeln wurde die Einheit von kirchlicher Refor-

mation und Bauernbewegung erläutert: Die Bauern wollten nach den Geboten des Evangeliums leben und nicht ungehorsam oder aufrührerisch sein. Sie wollten nur Frieden und Einigkeit und ein gottesfürchtiges Leben führen. In Wirklichkeit seien die Obrigkeiten die Aufrührer, weil sie sich dem Evangelium widersetzten.
Die Bauern verfolgten also nicht nur das Ziel, ihre Situation zu verbessern, sondern sie wollten auch erreichen, daß sich die Obrigkeit wieder nach den Geboten Gottes richtete.

DIE ZWÖLF ARTIKEL

1. Jede Gemeinde soll ihren Pfarrer selbst wählen und, wenn dieser sich ungebührlich verhalten sollte, wieder absetzen können.
2. Der Korn-Zehnt soll dem Unterhalt des Pfarrers und den Armen als Almosen dienen.
3. Die Leibeigenschaft soll aufgehoben werden.
4. Der gemeine Mann soll das Recht haben, Wild, Geflügel und Fische zu fangen.
5. Die Waldungen, die bislang die geistlichen und weltlichen Herren innehatten, sollen wieder von der Gemeinde genutzt werden.
6. Frondienste sollen auf ein erträgliches Maß reduziert werden.
7. Auch sollen diese Dienste „laut den Vereinbarungen zwischen Herr und Bauer" geleistet werden. Zusätzliche Dienste sollen nur „zu einer Stunde und Zeit, da es dem Bauern nicht zum Nachteil gereicht", und gegen eine angemessene Bezahlung geleistet werden.
8. Der Pachtzins an den Grundherrn soll von „ehrbaren Leuten" nach Recht und Billigkeit festgelegt werden, „damit der Bauer seine Arbeit nicht umsonst tue".
9. „Große Frevel (das sind mittelschwere Vergehen, die teils mit Körperstrafen, teils mit Geldbußen bestraft werden) sollen aufgrund alter geschriebener Strafsatzung, je nachdem, wie die Strafsache beschaffen ist, und nicht nach Gunst" geahndet werden.
10. Die Gemeindewiesen und -äcker sollen wieder von den Bauern genutzt werden.
11. Der „Todfall", die Abgabe von Besitz an den Leibherrn beim Tod eines Bauern, soll abgeschafft werden.
12. „Zum zwölften ist unser Beschluß und unsere endgültige Meinung: Wenn einer oder mehr Artikel allhier aufgestellt sein sollten, die dem Worte Gottes nicht gemäß: dieselbigen Artikel wolle man uns auf Grund des Wortes Gottes als ungebührlich erweisen, so wollten wir davon abstehen, wenn man uns den Nachweis mit Begründung aus der Schrift führt."

Damit die „Zwölf Artikel" schnell einem möglichst großen Leserkreis zugänglich gemacht werden können, werden sie gedruckt und verteilt.

DIE CHRISTLICHE VEREINIGUNG IN SCHWABEN

Am 6. und 7. März 1525 trafen sich die Anführer aller oberschwäbischen Haufen in Memmingen. Dort beschlossen auch sie, eine Christliche Vereinigung zu bilden, der alle Bauernhaufen angehören sollten.
Bei der Beratung über eine gemeinsame Bundesordnung und das weitere Vorgehen kam es zu heftigen Auseinandersetzungen. Die Baltringer um Ulrich Schmid und Sebastian Lotzer waren für einen friedlichen Weg. Die Allgäuer und die Seebauern forderten dagegen den bewaffneten Kampf.
Als die Verhandlungen schon zu scheitern drohten, setzte sich bei der Mehrheit doch die Einsicht durch, daß sie nur gemeinsam etwas erreichen konnten.
So wurde beschlossen, daß die Christliche Vereinigung kein Angriffs-, sondern ein Verteidigungsbündnis gegen den Schwäbischen Bund sein sollte. Doch die einzelnen Haufen wurden nicht zu einer Einheit verschmolzen. Es gab keine gemeinsame Führung, und die drei großen Haufen blieben selbständig. Nur die Hauptleute sollten miteinander in Verbindung bleiben und sich abstimmen. Das ließ jedem Haufen die Möglichkeit, auch ohne die anderen etwas zu unternehmen. Jeder Haufen sollte Vertreter wählen, die einen Bauernrat bildeten. Er war eine Art Regierung. Die Führer der Bauernhaufen teilten dem Schwäbischen Bund die Gründung der Christlichen Vereinigung mit und schickten die Zwölf Artikel als Grundlage für Verhandlungen.

DIE VERHANDLUNGEN SCHEITERN

In vielen Städten, die dem Schwäbischen Bund angehörten, fanden die Bauern mit ihren Forderungen Verständnis. Auch manche Fürsten waren zu Verhandlungen bereit. Doch die Entscheidung über das zukünftige Schicksal der Bauern lag nicht bei einsichtigen Stadträten und Fürsten, sondern bei Männern wie dem Kanzler von Eck, dem führenden Kopf des Schwäbischen Bundes, der am 7. März 1525 schrieb: „Aus dem Begehren der Bauernschaft sieht man, was die lutherische Lehre wirkt: Wildbret und Fische frei und niemand nichts geben! Dieser Teufel ist nicht zu bannen ohne den Henker."

Kanzler Leonhard von Eck versucht alles, um die Forderungen der zahlenmäßig überlegenen Bauern nicht erfüllen zu müssen.

Und am 9. März notierte er: „Wir werden gegen die Bauern bald solchen Ernst gebrauchen, daß ihr höllisch Evangelium in kurzen Tagen erlöschen wird.
Die guten, frommen Leute vom Regiment in Esslingen möchten im Ernst, daß man den Bauern nachgebe. Das werden wir nicht tun. Der Bauern brüderliche Liebe ist mir ganz zuwider. Ich habe mit meinen natürlichen und leiblichen Geschwistern nicht gerne geteilt; geschweige, daß ich das mit Fremden und mit Bauern täte."
Leonhard von Eck und seinesgleichen sahen in den Verhandlungen also nur ein Mittel, um die Bauern hinzuhalten, bis der Schwäbische Bund stark genug war, den Krieg zu beginnen.
Im Verhandeln waren die Bauern hoffnungslos unterlegen. Die Rechtsgelehrten der Fürsten verwickelten sie in langwierige Debatten und tricksten sie dabei immer wieder aus. So verstrich die Zeit ohne ein greifbares Ergebnis für die Bauern. Die militärische Lage des Schwäbischen Bundes jedoch verbesserte sich von Tag zu Tag.
Am 25. März verlangten die Vertreter des Schwäbischen Bundes den Abzug der Haufen. Ein Schiedsgericht sollte dann über die Zwölf Artikel beraten und eine Lösung finden. Doch die Bauern waren dagegen.

Seit Monaten hatten sie auf die Durchsetzung ihrer Forderungen gehofft und eine Änderung ihrer Lage erwartet. Etwa 40 000 bewaffnete Männer waren bereit, notfalls auch dafür zu kämpfen. Und nun wollte man sie wieder auf ungewisse Zeit vertrösten. Die Bauern fühlten sich auch von ihren Anführern verraten, weil diese auf das Angebot des Schwäbischen Bundes eingegangen waren. Ihre Wut richtete sich besonders gegen Ulrich Schmid, den sie noch vor wenigen Wochen gefeiert hatten und der jetzt seines Lebens nicht mehr sicher war.

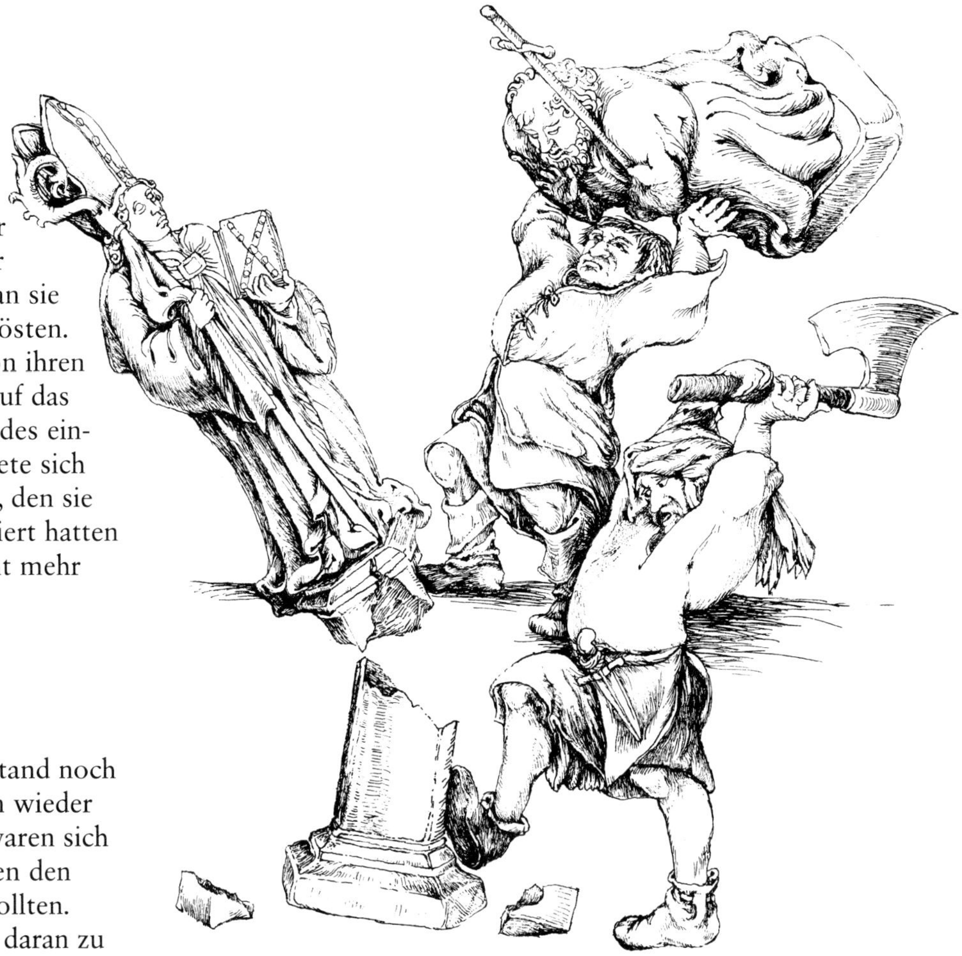

PLÜNDERNDE HORDEN

Die Christliche Vereinigung bestand noch nicht einen Monat, als sie schon wieder auseinanderbrach. Die Bauern waren sich nicht einig darüber, wie sie gegen den Schwäbischen Bund vorgehen sollten. Die Haufen trennten sich, ohne daran zu denken, daß sie dadurch viel schwächer waren und den Truppen des Schwäbischen Bundes unterliegen mußten. Einzelne Gruppen marschierten auf eigene Faust los, und nun begann ein wildes Rauben und Plündern. Am 26. März überfiel eine dieser Gruppen das Schloß Schemmerburg bei Laupheim, das dem Abt von Salem gehörte. Sie erbeuteten ungedroschene Roggengarben, fischten die Fischweiher leer und verteilten Kleidung, Hausrat und Silber an die Bewohner des Dorfes. Dann steckten sie das Schloß in Brand und zogen weiter.
In wenigen Tagen wurden viele Schlösser und Burgen verwüstet und reiche Klöster geplündert. Nur selten stießen die Bauern dabei auf Widerstand.
Die Macht der geistlichen und weltlichen Herren brach nach und nach zusammen. Immer mehr Männer stießen zu den Bauernhaufen. Es waren zum einen Männer, die aufrichtig für eine neue Ordnung kämpfen wollten, aber auch solche, die nur Plünderungen und ihren eigenen Vorteil im Sinn hatten. Diese Leute waren es auch, die im Kloster Roggenburg bei Ulm ein wildes Fest feierten. Zuerst zerschlugen sie alle Heiligenbilder, zerstörten Mobiliar und Meßgewänder und brachen Gräber auf. Dann trieben sie das Vieh in die Kirche, schlachteten und brieten es und tranken den Wein eimerweise.
Ihr Anführer ernannte sich sogar selbst zum Abt.

DER SCHWÄBISCHE BUND SCHLÄGT ZU

Während viele Bauerngruppen raubend durch die Gegend zogen, versuchten die gemäßigten Bauernführer immer noch, mit dem Schwäbischen Bund zu verhandeln. Doch der Bund war an Verhandlungen kaum noch interessiert. Das Heer hatte nämlich inzwischen fast 9 000 Söldner unter Waffen, darunter 1500 gepanzerte Reiter. Der oberste Feldhauptmann Georg Truchseß von Waldburg führte sein Heer zuerst gegen den

„Leipheimer Haufen", der auf einer Anhöhe vor den Toren Leipheims Stellung bezogen hatte. 5 000 Mann standen dort.
Noch einmal so viele Männer hatten sich in Leipheim, Günzburg und Langenau versammelt.
Am 4. April traf der Truchseß mit seinem Heer auf Teile des Haufens, die mit ihrer Beute in das Lager zurückkehren wollten. Insgesamt waren es etwa 1 200 Mann in mehreren kleinen Gruppen, ohne Verbindung zueinander und ohne richtige Führung. Sie fühlten sich anscheinend ganz sicher und rechneten nicht mit einem Angriff.
Dies nutzte der Truchseß aus und schickte seine Reiter los. Als die ahnungslosen Bauern die Reiter sahen, war es bereits zu spät. Sie warfen ihre Beute weg und versuchten zu fliehen. Aber die Reiter schlugen und stachen mit ihren langen Schwertern und Spießen auf die Fliehenden ein oder trieben sie in die eiskalte Donau, wo viele ertranken. Wer das andere Ufer erreichte, war damit nicht gerettet. Denn inzwischen waren die Fußtruppen dort zur Stelle. Ein paar Überlebende berichteten den Hauptleuten des „Leipheimer Haufens" von dem Gemetzel. Diese beschlossen, gegen das Bundesheer zu kämpfen, doch als sie die gepanzerten Reiter und das große Heer anrücken sahen, entschieden sie anders. Sie wollten sich nach Leipheim zurückziehen, um dort alle 10 000 Mann des Haufens zu sammeln. So rechneten sie sich bessere Chancen aus.
Als der Truchseß diesen Plan durchschaute, schickte er sofort seine Reiter los, die den Bauern den Rückweg abschnitten. Nach einem blutigen Gemetzel ergab sich die Stadt Leipheim beinahe kampflos. Auch in Günzburg und Langenau öffneten Bürger und Bauern den Truppen des Truchsessen die Tore. Die Söldner suchten die Anführer und schleppten sie zum Truchseß. Dann sperrten sie alle Männer in der Kirche ein und hausten in den Häusern wie die Wilden. Am nächsten Tag wurden die drei Städte zur Zahlung von hohen Summen verurteilt. Der Truchseß drohte, alles plün-

In einem Überraschungsangriff besiegt das Heer des Schwäbischen Bundes den „Leipheimer Haufen".

dern und niederbrennen zu lassen, wenn die Bürger und Bauern nicht bezahlen wollten. Verzweifelt versuchten diese, die Summe aufzubringen, aber es war unmöglich. Weil der Truchseß und seine Söldner jedoch mehr an Bargeld als an Plünderungen interessiert waren, wurde vereinbart, daß die Bürger das Geld nach und nach bezahlen sollten.
Währenddessen wurden sieben Geistliche und Hauptleute des „Leipheimer Haufens" geköpft. Darunter war auch der Pfarrer Hans Jakob Wehe. Als er dem Scharfrichter vorgeführt wurde, sagte der Truchseß: „Hättet Ihr Gottes Wort gepredigt, wie es sich gehört, und nicht Aufruhr, dann ginge es Euch jetzt besser."
„Gnädiger Herr", antwortete Pfarrer Wehe ruhig, „mir geschieht Unrecht von Euch. Ich habe nie den Aufruhr gepredigt, sondern immer nur Gottes Wort." Dann sagte er: „Vater, vergib ihnen, denn sie wissen nicht, was sie tun."
Der Truchseß hatte also beim ersten Aufeinandertreffen mit einem bewaffneten Bauernhaufen überraschend schnell gesiegt. Doch er wußte, daß damit noch nichts entschieden war.

SIEG ÜBER DIE BAUERN

Die Mehrzahl der oberschwäbischen Haufen stand immer noch unter Waffen und stürmte Klöster, Schlösser und Burgen. Auch Waldsee und Wolfegg, die Schlösser des Truchsessen, waren bedroht. Deshalb führte er sein Heer als nächstes nach Süden.
Am 12. April 1525 erreichte das Bundesheer Baltringen. Entgegen dem Befehl des Schwäbischen Bundes ließ der Truchseß das Dorf nicht anzünden, weil die Bauern einen Treueeid leisteten und versprachen, ihren Herren wieder gehorsam zu sein. Den Baltringern blieb auch kaum etwas anderes übrig. Denn obwohl die Bundesordnung der Christlichen Vereinigung vorschrieb, daß jeder Haufen dem anderen bei Gefahr beistehen müsse, kamen weder die Allgäuer Bauern noch der „Seehaufen" zu Hilfe.
Die Baltringer wurden entwaffnet und mußten insgesamt achtundzwanzig Gulden Strafe zahlen. Für jeden Baltringer waren das nach heutiger Rechnung etwa 15 000 Mark. Wie die Leipheimer hatten auch die Baltringer bei weitem nicht so viel Geld. Auch sie mußten bei Geld-

Das Lager der Truppen des Schwäbischen Bundes

händlern große Summen leihen und später mit hohen Zinsen zurückzahlen.
Das bedeutete noch größere Not und noch mehr Elend für die Bauern.
Am Karfreitag traf der Truchseß bei Wurzach auf den „Unterallgäuer Haufen". Die 7000 Mann hatten sich in einer Schlachtordnung aufgestellt und erwarteten ihren Landesherrn. Der gab sofort den Befehl zum Angriff und ließ aus den Geschützen feuern. Da brach unter den Bauern Panik aus. Sie flohen in alle Richtungen. Dabei wurden viele erschlagen oder gefangengenommen.
Nirgendwo kamen die Bauernhaufen einander zu Hilfe. Trotz der gemeinsamen Ziele dachte jeder Haufen zunächst einmal an sich und seine eigenen Interessen. Die Bauern begriffen nicht, daß sie dadurch dem listigen Truchseß alle Möglichkeiten des Handelns ließen. Und der zerschlug und vernichtete einen Bauernhaufen nach dem anderen und hatte dabei kaum eigene Verluste. Mit so schnellen Erfolgen hatte selbst er nicht gerechnet.

DER „WEINGARTENER VERTRAG"

Nun gab es in Oberschwaben nur noch den „Seehaufen", der 12000 Mann umfaßte. Die Seebauern galten als besonders kriegstüchtig, denn viele von ihnen hatten schon als Landsknechte gedient. Außerdem hatte der Haufen eine große Zahl von Landsknechten angeworben. Der „Seehaufen" war dem Bundesheer zahlenmäßig also weit überlegen und militärisch sicher ebenbürtig.
Am Ostersamstag, dem 13. April 1525, standen sich die beiden Heere bei Weingarten gegenüber. Die Bauern hatten eine gute Stellung bezogen und eröffneten das Feuer. Der Truchseß ließ zunächst seine Geschütze antworten, merkte aber schnell, daß er diesmal unterlegen war, und zog sich mit seinen Truppen zurück. Für die Bauern war dies ein großer Erfolg. Unter ihren Führern gab es nun eine heftige Diskussion, ob sie das Bundesheer angreifen oder sich zurückziehen sollten. Der Tag verging, ohne daß etwas geschah. Der Truchseß rechnete mit einem Nachtangriff der Seebauern und befahl seinen Soldaten, die ganze Nacht Wache zu halten. Aber die Seebauern griffen nicht an, sondern zogen sich in der Nacht in vorbereitete Stellungen zurück.
Am Ostersonntag ruhten die Kampfhandlungen auf beiden Seiten. Doch die Bauern nutzen den Tag, um ihre Reihen noch mehr zu verstärken.
Dann wechselten sie erneut ihre Stellung und zogen dem Bundesheer entgegen. Der Truchseß wollte eine Schlacht unter allen Umständen vermeiden, weil der Bund nur dieses eine Heer hatte. Einen Sieg der Bauern konnte der Truchseß nicht riskieren, denn in diesem Fall wären die meisten Städte zu den Bauern übergelaufen.

Alle bisherigen Erfolge wären damit umsonst gewesen. Aber der Truchseß konnte sich auch nicht einfach zurückziehen, ohne den Respekt seiner Landsknechte und des Schwäbischen Bundes zu verlieren. Ihm blieb nur noch eine Chance: Er mußte verhandeln.
Während die Bauern ihren militärischen Vorteil weiter ausbauten, gingen die gemäßigten Bauernführer am Ostermontag auf ein Verhandlungsangebot des Truchsessen ein. Und noch am selben Tag, am 17. April 1525, kam es zu dem berühmten „Weingartener Vertrag".
Darin verzichtete der Truchseß darauf, die Bauern anzugreifen. Er sicherte ihnen Straffreiheit zu und versprach, alle Beschwerden und Streitigkeiten vor einem unparteiischen Gericht verhandeln zu lassen.
Dafür mußten die Bauern „geloben und schwören, daß sie auseinandergehen und nach Hause zurückkehren werden". Ihren Obrigkeiten, von denen sie abgefallen waren, sollten sie „wiederum ihre Pflicht tun, ihnen getreu, gehorsam und gewärtig sein, ihre Zinsen, Gülten, Zehnten und andere Gerechtigkeiten, wie vor dem Aufstand, wieder tun und leisten". Außerdem „soll die Bauernschaft geloben und schwören, künftig weder Bündnis, Vertrag noch Aufruhr zu machen".

Am Verhandlungstisch hatte der Truchseß in einer schier aussichtslosen Lage doch noch einen Sieg errungen. Und bis heute fragt man sich, warum die Bauern zu diesem Vertrag bereit gewesen sind, warum sie den greifbar nahen Sieg verschenkten. Vielleicht trauten sie sich trotz ihrer Überlegenheit einfach nicht zu, das Bundesheer zu schlagen. Sicher wollten die gemäßigten Führer ein großes Blutvergießen verhindern. Und ganz sicher war der Vertrag in ihren Augen ein großer Erfolg.

EIN ZWEIFELHAFTER ERFOLG

Doch die Bauern erkannten nicht, welche Folgen der Vertrag haben würde.
Sie begriffen nicht, daß sie ihre Ziele nur gemeinsam mit den anderen Bauernhaufen erreichen konnten. Einzeln waren die Haufen dem Truchseß nicht gewachsen, selbst wenn sie wie in Weingarten zahlenmäßig überlegen waren.
Für den Truchseß und sein Heer bedeutete der Weingartener Vertrag mehr als eine gewonnene Schlacht. Die stärkste Bauernstreitmacht war nun völlig ausgeschaltet, das Bundesheer verlor keinen Mann, kein Pferd und kein Geschütz. Der Truchseß konnte jetzt mit allen Kräften gegen den nächsten Bauernhaufen ziehen.

Die Vertreter der Bauern unterzeichnen am 17. April 1525 den „Weingartener Vertrag".

Aschaffenburg
Main
Würzburg
Burg
Marienberg
Tauber
Miltenberg
Neckar
Jagst
Kocher
Neckarsulm
Neuenstein
Weinsberg

DER BAUERNKRIEG BREITET SICH AUS

Im Frühjahr 1525 wurden nicht nur im Südwesten zahlreiche Bauernhaufen gegründet; auch im Neckartal, im Odenwald, im Taubertal und in der Gegend von Würzburg hatten sich viele Menschen zusammengeschlossen. Darunter waren auch wohlhabende Bauern, denen es nicht so sehr um die Veränderung der sozialen Verhältnisse ging und die nicht aus Not zu den Waffen griffen. Sie verlangten mehr Rechte für sich und ihre Dörfer und wollten die Beamten und Stadträte nicht mehr als Obrigkeiten anerkennen, sondern selbst Herren sein.
Auch Geistliche, Ratsherren, Bürger und Handwerker und sogar etliche Ritter traten der Bewegung bei. Viele wollten für Freiheit und Gerechtigkeit kämpfen, andere suchten nur ihren persönlichen Vorteil.

DER „TAUBERTALER HAUFEN"

Die auffallendste Gestalt unter den Haufenmitgliedern war Florian Geyer. Er war Mitte Dreißig und stammte aus einer alten fränkischen Adelsfamilie. Noch 1519 hatte er als Hauptmann im Heer des Schwäbischen Bundes gekämpft, danach hatte er hohen Fürsten gedient und war dabei in viele fremde Länder gekommen. Im Winter 1524 hatte Florian Geyer den Fürstendienst verlassen und damit auf eine Karriere, auf Glanz und Pracht verzichtet. Und im Frühjahr 1525 stellte der wohlhabende Adelige sich und seinen Besitz sogar dem „Taubertaler Haufen" zur Verfügung.
Er wollte für eine Reichsreform und eine Neugestaltung des Staates kämpfen, wollte die Vorrechte der oberen Stände abschaffen und die Gleichberechtigung aller Menschen durchsetzen.

Doch viele Taubertaler mißtrauten dem Edelmann. Deshalb wählten sie ihn auch nicht zu einem ihrer Führer.

Der Adelige Florian Geyer kämpft auf der Seite der Bauern.

Gleichzeitig mit dem „Taubertaler" bildete sich der „Odenwälder Haufen". Auch in seinen Reihen stand mit dem Rechtsgelehrten Wendel Hipler ein herausragender Mann. Er war schon sechzig Jahre alt und hatte als Kanzler der Grafen von Hohenlohe jahrzehntelang das Land verwaltet. Mit den „Odenwäldern" vereinigten sich die „Neckartaler". Deren Hauptmann war Jäcklein Rohrbach, ein streitsüchtiger Hitzkopf. Er war zwar ein Leibeigener, lebte aber als Pächter eines Hofes in guten Verhältnissen. Seine Begleiterin war Margarete Renner, genannt die „Schwarze Margret". Diese beiden gewannen schnell den größten Einfluß im 8 000 Mann starken „Neckartal-Odenwälder Haufen".

DIE SCHRECKENSTAT VON WEINSBERG

Am 10. April zog der Haufen in Richtung Heilbronn. In Neuenstein ergaben sich die Grafen von Hohenlohe kampflos. Sie mußten auf freiem Feld vor den Bauern erscheinen und wurden dort als „Bruder Albrecht und Bruder Georg“ begrüßt. Dann mußten sie auf die Zwölf Artikel schwören und sich mit dem Haufen verbinden. „Ihr seid nimmer Herren, sondern Bauern, und wir sind die Herren von Hohenlohe!“ rief man ihnen zu.
Dann zog der Haufen weiter, besetzte Neckarsulm – und war überrascht, daß alles so einfach ging. Das Selbstbewußtsein der Bauern wuchs, und so rückten sie auf Weinsberg bei Heilbronn vor.
Dorthin hatte die württembergische Regierung aber eine starke Besatzung geschickt, um die Bauernhaufen abzuwehren. Kommandant des Heeres war Graf Ludwig von Helfenstein, ein Schwiegersohn Kaiser Maximilians I. Graf Helfenstein galt als einer der schlimmsten Bauernfeinde. Er hatte in den vergangenen Wochen viele Bauern, die auf dem Weg zu ihren Haufen waren, von seinen Reitern niederstechen lassen. Das hatte sich schnell herumgesprochen und den Haß auf den Grafen noch gesteigert.
Am Ostersonntag schickten die Bauern zwei Unterhändler los, die Stadt und Schloß Weinsberg zur Übergabe aufforderten. Doch der Stellvertreter des Grafen Helfenstein lehnte es ab, mit den Unterhändlern zu reden, und ließ auf sie schießen, obwohl das nach dem Kriegsrecht verboten war.
Daraufhin begannen die Bauern den Angriff und erstürmten nach kurzem Kampf Schloß und Stadt. Die ganze Besatzung wurde entweder im Kampf getötet oder gefangengenommen. Unter den Gefangenen waren auch Graf Helfenstein und seine Familie.
Der Kriegsrat beriet, was mit ihnen geschehen sollte. Noch während der Beratung handelten Jäcklein Rohrbach und seine Kumpane. Sie stellten sich in zwei Reihen auf und trieben die Gefangenen dazwischen hindurch. Jeder durfte auf sie einstechen, bis sie tot waren.
So wurde Graf Helfenstein hingerichtet. Die Gräfin und ihren Sohn ließ Jäcklein Rohrbach auf einem Mistwagen nach Heilbronn fahren. Dann zog er mit seinen Männern hinauf zum Schloß und zündete es an.

DIE FOLGEN DER EROBERUNG

Diese Tat ist bis heute die Ursache für das weitverbreitete negative Urteil über die Bauern. Sie gilt als Beispiel für das Vorgehen der „räuberischen und mörderischen Bauern“; doch völlig zu Unrecht, denn diese Tat war ein Einzelfall. Und sie war nicht das Werk aller Bauern, sondern

Mit diesen Waffen und Arbeitsgeräten kämpfen die Bauern für ihr Recht.

einer kleinen radikalen Gruppe. Die Mehrheit des „Neckartaler-Odenwälder Haufens“ hieß diese Morde nicht gut, und Rohrbach wurde aus den Reihen der Bauern ausgeschlossen.
Doch zunächst schien es, als sei mit der Bluttat der entscheidende Schritt zum Sieg der Bauern getan worden.
Entsetzt und voller Furcht nahm der Adel im ganzen Gebiet die Zwölf Artikel an. Heilbronn und eine Reihe anderer Städte öffneten kampflos die Tore, Schloßbesatzungen flohen oder liefen zu den Bauern über.
Die Schreckenstat von Weinsberg hatte aber noch andere Auswirkungen: Weltliche und geistliche Herren taten sich zusammen, denn sie sahen ihre Ordnung bedroht, fürchteten um ihren Besitz, ihre Vorrechte und um ihr Leben. Sie stellten den Streit um Luther und die Reformation zurück und verfolgten nun ein gemeinsames Interesse: die Niederschlagung der Bauernaufstände.
Dazu benötigten sie noch stärkere Truppen, die aber sehr viel Geld kosteten. Doch nach der Tat von Weinsberg stellten die Reichen, vor allem der Augsburger Bankier Fugger, ohne zu zögern viel Geld dafür zur Verfügung.
Die Tat von Weinsberg bewirkte auch einen Umschwung in der öffentlichen Meinung. Große Teile der Bevölkerung waren über die Tat genauso entsetzt wie der Adel. Viele Leute stellten sich gegen die Bauern, die einen Grafen und seine Ritter durch die Spieße gejagt und eine Kaisertocher erniedrigt hatten.
Die Neckartaler und Odenwälder wollten nun beweisen, daß sie nicht wie Jäcklein Rohrbach handelten, und wählten einen Ritter zum Hauptmann: Götz von Berlichingen.

RITTER GÖTZ UND DER „HELLE LICHTE HAUFEN“

Der „Ritter mit der eisernen Faust“ hatte sich schon in jungen Jahren als Raubritter Wohlstand und Ruhm erworben.
Er war ein prominenter Mann und galt als Freund der lutherischen Lehre.
Vor allem Wendel Hipler hatte sich dafür eingesetzt, Ritter Götz zum Hauptmann des „Hellen lichten Haufens“, wie sich die Neckartaler-Odenwälder jetzt nannten, zu machen. Mit dem Ritter war vielleicht auch der niedere Adel auf die Seite der Bauern zu ziehen. Und das hielt Hipler für sehr wichtig, denn er ließ sich von den bisherigen Erfolgen nicht blenden.
Er wußte, daß die entscheidenden Kämpfe noch bevorstanden. Dafür fehlte es dem großen Bauernheer aber an erfahrenen Führern und militärischer Disziplin.
Ritter Götz hatte sich aus Eigennutz zum Hauptmann wählen lassen, weil er für sich und andere Ritter Vorteile erhoffte.

Ritter Götz von Berlichingen führt die Bauern gegen die Fürsten.

Die Bauern und ihre Ziele interessierten ihn kaum. Und obwohl er im Jahr 1514 im Dienst von Herzog Ulrich von Württemberg an der blutigen Niederschlagung des „Armen Konrads“ teilgenommen hatte, hinderte ihn dies nicht daran, jetzt die Bauern gegen die Fürsten zu führen.

Ritter Götz zog mit dem Bauernheer gegen den mächtigsten Fürsten des Reiches, den Erzbischof und Kurfürsten Albrecht von Mainz. Dieser hielt sich in seinem zweiten Erzbistum Magdeburg auf und hatte für die Dauer seiner Abwesenheit Bischof Wilhelm als Statthalter eingesetzt.
Als dieser vom Marsch des „Hellen lichten Haufens“ erfuhr, ritt er mit über hundert Reitern nach Aschaffenburg. Dort wollte er mit Hilfe der Adeligen die Bauern aufhalten. Doch die Übermacht der Bauern war so stark, daß Bischof Wilhelm gezwungen war, am 7. Mai 1525 in Miltenberg einen Vertrag zu unterschreiben.
Damit wurde das ganze Erzbistum in den Bauernbund aufgenommen und auf die Zwölf Artikel verpflichtet. Innerhalb eines Monats hatten sich alle Adeligen bei den Hauptleuten der Bauern zu melden und der Bruderschaft beizutreten. Nonnen, Mönche und Priester mußten ihre geistlichen Gewänder ablegen und die Klöster eine Kriegsentschädigung von 15 000 Gulden zahlen.
Jetzt waren die Bauern auf dem Höhepunkt ihrer Macht. Selbst das große und mächtige Erzbistum Mainz mußte ihre Forderungen anerkennen.

POLITISCHE ZIELE

Einige Männer machten sich nun Gedanken darüber, wie das neue Reich nach dem Sieg der Bauern aussehen sollte. Ausgangspunkt ihrer Überlegungen waren die Zwölf Artikel, die sie jedoch an einigen Stellen abschwächten und ergänzten. Sie stellten sich das neue Reich nicht als einen Bauern-, sondern als Bürgerstaat vor.
Alle Bürger sollten dem Kaiser unterstehen, und für alle sollte das gleiche Recht gelten. Man plante außerdem die Verstaatlichung geistlichen Besitzes. Die weltlichen Herren sollten mit dem Besitz der Kirche für den Wegfall von Zöllen und anderen Einnahmen entschädigt werden. Zwölf Vertreter aller drei Stände und sieben Theologen sollten endgültig über die Einführung der Reformation entscheiden. Nach diesen Vorstellungen stand der Adel als gleichberechtigter Stand neben Bürgern und Bauern. Man hoffte, mit diesem Entwurf den Adel für die Reform des Reiches gewinnen zu können. Doch das ging den Bauern viel zu weit. Sie wollten ihre gerade erkämpfte Freiheit nicht schon wieder eingeschränkt sehen. Statt dessen strebten sie die Macht an.
Daraufhin wurde der Plan in einigen Punkten geändert. Die weltlichen Herren sollten nun vom Reich ihr Einkommen erhalten, also eine Art Beamte werden. Dafür müßten sie dem Reich treu dienen, die Armen schützen und jedermann zu seinem Recht verhelfen. Die Gerichte sollten nur mit Laien, vor allem mit Bürgern und Bauern besetzt werden. Die mächtigen Handelsgesellschaften und Bankhäuser, zum Beispiel der Fugger, Hofstetter oder Welser, würden aufgelöst werden.
Im wirtschaftlichen Leben sollte der Nutzen aller vor der Bereicherung einzelner stehen. Das Verleihen von Geld gegen hohe Zinsen wurde verboten. Für das ganze Reich waren einheitliche Münzen, Maße und Gewichte vorgesehen.
Über diese und viele andere Punkte und vor allem über die Frage, wie das neue Reich zu regieren sei, beriet eine Volksversammlung. Sie tagte in Heilbronn und bot den Vertretern aller Bauernhaufen Gelegenheit, ihre Wünsche, Vorstellungen und Ideen vorzutragen.

DIE EINNAHME VON WÜRZBURG

Während in Heilbronn die Vertreter aller Bauernhaufen als erste deutsche Volksversammlung tagten, um die Grundlage für

einen neuen, freiheitlichen und sozialen Staat zu schaffen, zogen die Bauernhaufen nach Würzburg.
Dort trafen der „Helle lichte Haufen“ und der „Taubertaler Haufen“ zusammen und vereinten sich zu einem 15 000 Mann starken Heer.
Sie bildeten einen Obersten Rat und schickten Florian Geyer als Unterhändler in die Stadt. Dieser trug die Forderungen des Haufens vor, worauf die Stadt sofort bereit war, auf die Zwölf Artikel zu schwören. Die Klöster und Häuser der geistlichen Herren wurden besetzt, die Ordnung in der Stadt von den Bauernführern gesichert.
Dann ging Florian Geyer hinauf zur Burg Marienberg.
„Was wollt Ihr?“ fragte ihn der Domprobst.
„Der Oberste Rat der Christlichen Vereinigung schickt mich, um Euch seine Forderungen zu nennen.“
„Ihr seid doch kein Bauer“, sagte der Domprobst. „Was habt Ihr mit diesem Gesindel zu schaffen?“

Die Volksversammlung in Heilbronn berät über das neue Reich nach dem Sieg der Bauern.

„Dieses ‚Gesindel‘ ist gerade dabei, die Macht im Reich zu übernehmen“, antwortete Florian Geyer.
„Das wird der Allmächtige verhindern!“
„Würzburg hat bereits auf die Zwölf Artikel geschworen und ist der Christlichen Vereinigung beigetreten. 15 000 Mann stehen bereit, die Burg zu stürmen, wenn Ihr sie uns nicht freiwillig übergebt.“
„Niemals!“ rief der Domprobst. „Niemals werde ich die Burg übergeben, doch ich bin zu Verhandlungen bereit.“
Florian Geyer empfahl dem Bauernrat, sich mit diesem Kompromiß zufriedenzugeben, denn ihm war klar, daß die Erstürmung dieser mächtigen Burg sehr schwierig sein würde. Und eine lange Belagerung hielt er für falsch.
Wichtiger war ihm, daß der große Haufen möglichst schnell und geschlossen gegen den Schwäbischen Bund marschierte.
Doch Florian Geyer konnte sich im Bauernrat nicht durchsetzen. Es wurde beschlossen, die Festung Marienberg zu belagern und zu stürmen. Die Burg wurde aus allen Rohren beschossen und stark beschädigt – aber sie fiel nicht.
Am nächsten Tag scheiterte ein Versuch, die Burg zu stürmen, wobei die Bauern große Verluste erlitten.
Inzwischen vereinte sich das Bundesheer mit den Truppen des pfälzischen Kurfürsten und des Fürstbischofs von Würzburg. Nun kommandierte der Truchseß an die 10 000 Landsknechte und über 2 500 Reiter und führte sie nach Würzburg.
Als Götz von Berlichingen das erfuhr, verließ er heimlich die Bauern und brachte sich in Sicherheit.
Am 2. Juni traf der Truchseß in der Nähe von Würzburg auf einen Teil des „Hellen lichten Haufens“. Es waren 8 000 Mann, jedoch ohne richtige Führung. Nach zwei Stunden Kampf lagen die meisten von ihnen tot auf dem Schlachtfeld.
Der Truchseß zog weiter und erreichte am 8. Juni mit dem Bundesheer ungehindert Würzburg. Die Stadt ergab sich ohne Gegenwehr.
Etwa 2 000 Bauern, der Rest des „Hellen lichten Haufens“, wurden gefangengenommen. Damit war auch der große fränkische Bauernhaufen endgültig vernichtet. Noch am gleichen Tag wurden über sechzig Bürger und Bauern hingerichtet. Ein junger Bauer rief auf dem Weg zum Scharfrichter: „O weh, ich soll schon sterben und habe mich mein Leben lang kaum zweimal an Brot satt gegessen.“

Hundertfünfzig Bürger wurden in Gefängnisse geworfen und grausam mißhandelt. Nach der Niederlage der Bauern wurde auch Florian Geyer hinterrücks ermordet.

DIE NIEDERSCHLAGUNG DES „WÜRTTEMBERGER HAUFENS“

Auch in Württemberg schlossen sich mehrere Haufen zusammen. Ohne Blutvergießen und Plünderungen eroberten sie innerhalb von zehn Tagen den größten Teil des Landes. Am 25. April besetzten sie Stuttgart. Dort vereinten sich alle württembergischen Haufen und bildeten ein Heer von 12 000 Mann.
Plötzlich traf die Nachricht ein, der Truchseß sei mit dem Heer des Schwäbischen Bundes im Anmarsch. Die württembergischen Bauern zogen dem Truchseß voller Siegeszuversicht entgegen und eroberten die Stadt Herrenberg.
Am nächsten Tag standen sich die Heere in Schlachtordnung gegenüber.
Der Truchseß wagte nicht anzugreifen, weil die Bauern deutlich überlegen waren. Auch die Bauern griffen nicht an.
Sie zogen in der Nacht unbemerkt von Herrenberg ab und nahmen ihre frühere Stellung auf der Höhe zwischen Böblingen und Sindelfingen ein.

Es war eine gut ausgebaute Stellung, in der sie praktisch unangreifbar waren. Und der Truchseß war klug genug, auch diesmal nicht anzugreifen.
Wie immer, wenn der Truchseß seine Unterlegenheit erkannte, verlegte er sich auf Verhandlungen. Nur verhandelte er diesmal nicht mit den Bauern, sondern mit der Stadt Böblingen. Mit Drohungen und Versprechungen gelang es ihm, die Stadt auf seine Seite zu ziehen. Die Stadttore wurden für ihn geöffnet, und von der Stadt aus überraschte er die Bauern mit einem gut geplanten schnellen Angriff.
Zuerst wichen die Bauern noch einigermaßen geordnet zurück, doch aus dem Rückzug wurde schnell eine planlose Flucht. Und schließlich rannten alle nur noch um ihr Leben. Der Truchseß ritt an der Spitze seiner Reiter hinterher, und sie richteten unter den fliehenden Bauern ein blutiges Massaker an.
Der große „Württemberger Haufen“ war zerschlagen und der Aufstand zusammengebrochen. Der Truchseß hatte mit seinem Heer erneut eine wichtige Schlacht gewonnen.
Und er marschierte weiter.

In einer blutigen Schlacht wird der „Württemberger Haufen“ geschlagen.

HARZ
Weser
Allstedt
Frankenhausen
Unstrut
Mühlhausen
THÜRINGEN
Werra
Eisenach
Wartburg
Fulda
Hersfeld
Fulda

UNTER DER FAHNE DES REGENBOGENS

Während in Oberschwaben, Franken und Württemberg die Bauern bereits schwere Niederlagen erlitten hatten, stand die entscheidende Schlacht in Thüringen noch bevor. Auch dort hatten sich die Bauern erhoben.
In der Stadt Allstedt in Thüringen wirkte seit einigen Jahren der Pfarrer Thomas Müntzer, der dort auf Empfehlung Luthers eine Pfarrstelle erhalten hatte. Doch bald entwickelte sich Müntzer vom Anhänger zum Gegner Luthers.
Er war im Gegensatz zu Luther davon überzeugt, daß der Weg zu Gott nicht über die Bibel führte, sondern daß Gott direkt und ohne Umweg über ein Buch mit den Menschen reden will – auch und gerade mit den einfachen Menschen. Damit Gott für diese Leute wieder erfahrbar wurde, mußte nach Müntzers Auffassung die Herrschaft der Geistlichen beseitigt werden. Sie verstellten den Weg zu Gott.
Im Gegensatz zu Luther wollte Müntzer auch die gesellschaftlichen Zustände nicht demütig hinnehmen, sondern so verändern, daß Gottes Reich schon auf Erden verwirklicht werden konnte.
Wer sich diesen Veränderungen entgegenstellte, war nach Müntzers Auffassung ein Feind Gottes und mußte vernichtet werden. Damit stellte sich Müntzer eindeutig gegen Kirche und Obrigkeit. Kurfürst Friedrich von Sachsen, sein Bruder Herzog Johann und die Grafen von Mansfeld ermahnten Müntzer und verlangten größere Zurückhaltung von ihm. Müntzer antwortete ihnen in seiner berühmten „Fürstenpredigt“. Er betonte darin, daß die Fürsten nicht Herren, sondern Diener Gottes seien. Sie hätten die Aufgabe, die Gläubigen gegen die Gottlosen zu schützen. „Lasset die Übeltäter nicht länger leben, die uns von Gott abwenden. Denn ein Gottloser hat kein Recht zu leben, wenn er die Frommen behindert“, rief Müntzer aus.

Thomas Müntzer sammelt die Bauern in Thüringen.

Er war vom festen Glauben durchdrungen, er sei der von Gott gesandte Prophet. Er berief sich stets darauf, im Auftrag Gottes zu handeln, der ihm befohlen habe, „die Gottlosen zu vertilgen“. Gottes Herrschaft auf Erden könne erst dann beginnen, wenn die „großen, dicken, feisten Pausbacken“ von ihren Stühlen gestoßen würden. Müntzer fand unter seinen Zuhörern viele Anhänger, die er zu einem Aufstand anstachelte.

ERSTE UNRUHEN

Luther griff in die Auseinandersetzung ein. Er riet den Fürsten, Müntzer zwar weiter predigen zu lassen, aber allen Gewaltmaßnahmen seiner Anhänger energisch entgegenzutreten.

Die Fürsten verstärkten den Druck auf Müntzer, worauf er mit seinen Anhängern nach Mühlhausen zog. Dort kam es im September 1524 zu einem Aufstand, doch Müntzers Anhänger waren noch nicht stark genug, um ihre Forderungen nach Gleichstellung aller Menschen durchzusetzen. Der Rat der Stadt ließ Bauern aus den umliegenden Dörfern in die Stadt rufen, die zusammen mit einem Teil der Bürger die Erhebung niederschlugen. Müntzer mußte daraufhin die Stadt verlassen.
Er zog einige Monate durch Deutschland und verfaßte dabei ein Flugblatt gegen Martin Luther, den er einen Verbündeten der Fürsten nannte und als „Vater Leisetreter" und „Doktor Lügner" bezeichnete.

DER UMSTURZ IN MÜHLHAUSEN

Erst Ende Februar 1525 kehrte Müntzer nach Mühlhausen zurück. Die Stadt befand sich im Aufruhr, und nun standen die meisten Bürger mit ihren Forderungen nach einer gerechten Ordnung auf der Seite Müntzers. Er wurde auch sofort als Pfarrer eingesetzt.
Schon im März 1525 wurde der Rat von Mühlhausen gestürzt und der „Ewige Rat Gottes" gewählt. Mühlhausen war dadurch eine christliche Demokratie geworden.

Die Klöster wurden aufgelöst, die Räume den Obdachlosen zur Verfügung gestellt und der geistliche Besitz beschlagnahmt. Die Armen erhielten Nahrungsmittel und Stoffe, damit sie genug zu essen hatten und sich Kleidung nähen konnten. Nonnen und Mönche mußten in den weltlichen Stand zurückkehren.
Wie ein Lauffeuer sprachen sich diese Ereignisse in Thüringen herum. Sie blieben nicht ohne Auswirkungen. Müntzers Forderungen gegenüber der Obrigkeit wurden bekannt, und überall schlossen sich ihm Bauern und Bürger an.
Die Zwölf Artikel von Memmingen wurden veröffentlicht, und die Unruhen von Franken griffen auf Thüringen über. Bauernhaufen zogen durch das Land, stürmten Burgen, Schlösser und Klöster.

LUTHER UND MÜNTZER ALS GEGENSPIELER

Im April reiste Martin Luther durch die Aufstandsgebiete und versuchte, den Aufstand einzudämmen. Er blieb jedoch erfolglos. Deshalb verfaßte er die Schrift „Ermahnung zum Frieden".
Er gab darin den Fürsten und Geistlichen die Schuld an den Aufständen, weil sie das Volk schinden, „bis es der arme, gemeine Mann nicht länger kann noch mag ertragen. Das Schwert sitzt Euch auf dem Halse, aber noch meint Ihr, Ihr sitzt fest im Sattel. Solche Vermessenheit wird

Nach dem Umsturz von Mühlhausen werden Arme und Kranke mit Vorräten aus dem Besitz der Kirche versorgt.

Euch den Hals brechen. Tun's diese Bauern nicht, so müssen es andere tun. Es sind nicht Bauern, liebe Herren, die sich wider Euch setzen, Gott selber ist es. Der setzt sich wider Euch, weil Ihr nicht aufhört zu toben und zu wüten wider das heilige Evangelium."

Für die Forderungen der Bauern zeigte Luther Verständnis, aber im Gegensatz zu Müntzer nicht für die Art, wie sie ihre Forderungen durchsetzen wollten: „Christen sind Menschen, die nicht mit dem Schwert noch mit der Büchse streiten."

Luther ermahnte die Bauern, den friedlichen Ausgleich mit der Obrigkeit zu suchen. Wenn das nicht möglich sei, sollten sie lieber Unrecht erdulden als Unrecht tun.

Doch das war nicht die Botschaft, die die Leute hören wollten. Statt dessen folgten sie den Worten Thomas Müntzers:

„Wie lange schlaft ihr noch? Fangt an und streitet den Streit des Herrn! Ganz Deutschland ist in Bewegung. Die Bauern im Klettgau, im Hegau, im Schwarzwald sind aufgestanden. In Fulda sind in der Karwoche vier Stiftskirchen verwüstet worden.

Nun dran, dran, dran, es ist Zeit! Laßt euch nicht erbarmen! Laßt euer Schwert nicht kalt werden, laßt es nicht lahm werden! Solange sie leben, könnt ihr nicht ohne Furcht sein. Dran, dran, nutzet den Tag! Gott gehet voran, folget, folget! Ihr braucht euch nicht zu fürchten, es ist nicht euer, sondern des Herrn Streit."

Unter der Fahne der Bauern, die einen Regenbogen zeigte, zog Thomas Müntzer Ende April mit 9000 Mann los. Ohne auf Gegenwehr zu stoßen, stürmten sie zahlreiche Klöster und Pfarreien, Schlösser und Adelshöfe. Müntzer ließ seinen Haufen plündern, Gold, Silber und Vorräte mitnehmen und die Gebäude niederbrennen.

Auch in anderen Gebieten bildeten sich große Bauernhaufen, die plündernd durch Thüringen zogen. Da versuchte Martin Luther noch einmal, mäßigend auf die Bauern einzuwirken. Aber vergeblich! Er wurde sogar bedroht und konnte nur mit Mühe entkommen.

Luther bezeichnete Müntzer nun als „falschen Propheten" und verfaßte eine Flugschrift, in der er den Bauern vorwarf, gegen Gott und die Menschen zu sündigen, denn sie seien ungehorsam und aufrührerisch und verdienten den Tod als Strafe für ihre Verbrechen.

„Eitel Teufelswerk betreiben sie. Dafür haben sie den Tod verdient an Leib und Seele", schrieb Luther. „Drum, liebe Herren, steche, schlage, würge wer da kann. Bleibst du drüber tot, wohl dir, einen seligeren Tod kannst du nimmermehr bekommen. Denn du stirbst im Gehorsam göttlichen Befehls."

Martin Luther warnt die Bauern vor einem blutigen Kampf gegen die Obrigkeit.

MÜNTZER FÜHRT DIE BAUERN AN

Anfang Mai trafen die Fürsten Vorbereitungen für ein gemeinsames Vorgehen gegen die Bauern in Franken und Thüringen. Landgraf Philipp von Hessen rückte von Westen vor. Am 3. Mai 1525 schlug er mit seinem Heer die Aufstände in Hersfeld und Fulda nieder. Dabei ließ er in Fulda 1500 Bauern in den Stadtgraben treiben. Drei Tage lang mußten die Männer im Wasser stehen. Wer nach drei Tagen noch nicht zusammengebrochen und ertrunken war, der durfte nach Hause – wenn er es noch schaffte.

Von Fulda aus marschierte Landgraf Philipp mit seinen Truppen nach Thüringen. Gemeinsam mit den Truppen von Herzog Heinrich von Braunschweig zogen sie in Richtung Frankenhausen.

Dort lagerte der „Frankenhäuser Haufen". Thomas Müntzer versuchte, auch die anderen Bauernhaufen zum Handeln zu bewegen. Aber er schaffte es nicht, denn wie in den übrigen Aufstandsgebieten kämpften die meisten Haufen getrennt und in erster Linie für ihre eigenen Interessen.

In Frankenhausen übernahm er die Führung und verbot Verhandlungen mit den Fürsten. An seinen Erzfeind, den Grafen Ernst von Mansfeld, schrieb er:

„Ich, Thomas Müntzer, einst Pfarrer zu Allstedt, ermahne dich um des lebendigen Gottes Namen willen, mit deinem tyrannischen Wüten aufzuhören. Du hast angefangen, die Christen zu martern und zu vertilgen. Sag an, du elender, dürftiger Madensack, wer hat dich zu einem Fürsten des Volkes gemacht? Gott sei es geklagt, daß die Welt deine grobe, büffelwütende Tyrannei nicht eher erkannt hat. Du bist durch Gottes kräftige Gewalt der Verderbung überantwortet. Der ewige lebendige Gott hat's geheißen, dich mit Gewalt vom Stuhl zu stoßen, denn du bist der Christenheit nicht nütze. Gott hat von dir und deinesgleichen gesagt, dein Nest muß zerrissen und zerschmettert werden."

Unter der Fahne des Regenbogens führt Müntzer die Bauern in die Schlacht.

DIE SCHLACHT BEI FRANKENHAUSEN

Mit diesem Schreiben wollte Müntzer nicht nur den Grafen einschüchtern, sondern auch dessen Untertanen, um endlich die Bergarbeiter für den Aufstand zu gewinnen. Um allen zu beweisen, wie ernst es ihm war, ließ Müntzer drei gefangene Gefolgsleute des Grafen hinrichten. Doch der Graf ließ sich nicht einschüchtern, und seine Untertanen liefen nicht zu Müntzer über.
Der „Frankenhäuser Haufen" stand allein gegen die Fürstenheere.
Am 14. Mai 1525 griffen die Truppen Frankenhausen an, wurden jedoch zurückgeschlagen. Daraufhin forderte Landgraf Philipp Verstärkung durch die kurmainzischen und sächsischen Truppen an.
Am nächsten Morgen bezog der „Frankenhäuser Haufen" eine günstige Stellung auf dem Schlachtberg vor der Stadt. Der Landgraf bot den Bauern Verhandlungen an. Es gab viele, die das Angebot Philipps, Frankenhausen zu verlassen, annehmen wollten. Müntzer und seine Anhänger müßten ausgeliefert werden. Lange und hitzig wurde verhandelt, doch Müntzer gelang es, immer mehr Leute auf seine Seite zu ziehen. „Ihr braucht keine Angst zu haben", rief er. „Bezwingt das schwache Fleisch! Packt die Feinde an! Fürchtet nicht ihre Geschütze!
Alle Kugeln, die sie gegen uns abfeuern, will ich mit dem Ärmel auffangen!"
Während Müntzers mitreißender Rede erschien plötzlich ein Regenbogen am Himmel. Müntzer sah ihn und verkündete: „Seht! Das ist Gottes Zeichen! Er zeigt allen Verzagten, daß er auf unserer Seite steht. Ihr sollt keinen Frieden mit den Gottlosen machen! Wir führen den Regenbogen in unserer Fahne, und Gott gibt uns nun zu verstehen, daß er uns helfen will, die mörderischen Fürsten zu strafen!"
Für die Männer war dieser Regenbogen das Zeichen, Thomas Müntzer zu folgen, wohin er sie auch führen würde.

Inzwischen waren die Hilfstruppen für den Landgrafen Philipp vor Frankenhausen eingetroffen, und kurz nach Müntzers Rede eröffneten die Fürsten das Feuer. Noch glaubten die Bauern Müntzers Wort, daß ihnen nichts geschehen werde. Doch als die ersten Kugeln in ihrer Stellung einschlugen, zerbrach dieser Glaube, und eine wilde Flucht begann. Die meisten rannten in panischer Angst den Berg hinunter, um sich in die Stadt zu retten. Doch die Reiter stachen alles nieder, was sich bewegte. Die Soldaten drangen auch in die Stadt ein, und in den engen Gäßchen ging das Morden weiter. Am Ende lagen 5 000 erschlagene und erstochene Männer vor und in der Stadt; etwa sechshundert wurden gefangen. Thomas Müntzer war nicht darunter. Er hatte sich versteckt, wurde aber bald entdeckt. Die Fürsten übergaben ihn dem Grafen Ernst von Mansfeld, der ihn grausam foltern ließ.
Nach der Niederschlagung des Haufens zogen die verbündeten Fürstenheere nach Mühlhausen, um das letzte Zentrum des Aufstandes in Thüringen zu zerstören.

Die Fürsten hatten 8 000 Landsknechte und mehr als 3 000 Reiter unter Waffen. Auf dem Marsch von Frankenhausen nach Mühlhausen brannten sie etliche Dörfer nieder. Die Frauen aus Mühlhausen liefen den Fürsten entgegen und baten um Gnade für die Stadt, doch die Fürsten wollten die Männer.
Barhäuptig und barfuß mit gefalteten Händen mußten sie den Fürsten entgegengehen, vor ihnen auf die Knie fallen und die Stadtschlüssel übergeben. Mühlhausen mußte alle Waffen abliefern, 40 000 Gulden Strafe zahlen, Land abtreten und den Fürsten huldigen.
Der alte Rat wurde wieder eingesetzt und war nur den Fürsten verantwortlich. Fünfzig Männer wurden hingerichtet, darunter auch Thomas Müntzer.
Man sagt, er habe unter der Folter seine Lehren und Ansichten widerrufen.

Mühlhausen wird vom Heer der Fürsten eingenommen. Die Bauern müssen die Schlüssel der Stadt übergeben und Strafe zahlen.

DAS ENDE DER BAUERNAUFSTÄNDE

In Oberschwaben, Franken, Württemberg und nun auch in Thüringen hatten die Bauern vernichtende Niederlagen erlitten. Und trotzdem war der Krieg noch nicht zu Ende.
Im Elsaß hatte einer der größten Bauernhaufen mit 18 000 Mann Zabern, die Residenz des Bischofs von Straßburg, besetzt. Da rückte Herzog Anton von Lothringen mit 6 000 Reitern sowie 5 000 Landsknechten und vielen Geschützen heran.
Herzog Anton war ein frommer Katholik und betrachtete den Kampf als einen „Kreuzzug“ gegen die „Ungläubigen“. Zunächst wollte er nur seine eigenen Untertanen auf den rechten Weg zurückführen. Doch dann entschloß er sich, dem elsässischen Adel zu helfen.
Am 15. Mai traf er vor Zabern ein. Östlich der Stadt stieß er auf ein 6 000 Mann starkes Ersatzheer der Bauern, das in hartem Kampf völlig geschlagen wurde. Der Hauptmann des „Elsässer Haufens“ wollte nicht noch mehr Blut vergießen und bot dem Herzog Verhandlungen an. Dieser ging auf das Angebot ein und stellte seine Bedingungen. Die Bauern sollten ohne Waffen aus der Stadt Zabern herauskommen und zum Zeichen ihrer friedlichen Absichten die Hände falten. Dann würde ihnen nichts geschehen.
Die Bauern vertrauten dem Wort des Herzogs und verließen waffenlos die Stadt. Da tauchten plötzlich von allen Seiten Reiter und Landsknechte auf und schlugen auf die wehrlosen Bauern ein.
Die meisten der 18 000 Bauern wurden getötet.

LETZTE GEFECHTE

Am nächsten Tag brach Herzog Anton mit seinen Truppen auf, um nach Nancy zurückzukehren. Da traf er bei Schlettstadt auf die mittelelsässischen Bauern, die das Blutbad von Zabern rächen wollten. Nach erbittertem Kampf erlitt auch dieser Haufen eine Niederlage.
Herzog Anton hatte in einer Woche etwa 25 000 Menschen töten lassen und war überzeugt davon, damit Gott und der Christenheit einen großen Dienst erwiesen zu haben.
In der Zwischenzeit marschierte der Truchseß mit dem Bundesheer auf Weinsberg zu. In der Stadt befanden sich nur noch Frauen, Kinder, Kranke und Greise.

Die jungen Männer kämpften bei den Bauernhaufen, die Wohlhabenden waren nach Heilbronn geflüchtet. Deshalb schloß niemand die Stadttore, niemand wehrte sich. Weinsberg wurde völlig niedergebrannt.

DIE STRAFGERICHTE

Nach den Entscheidungsschlachten von Mitte Mai bis Mitte Juni 1525 begannen die Fürsten mit ihren Strafgerichten. Sie zogen in ihren Herrschaftsgebieten mit einigen hundert Soldaten und dem Henker von Ort zu Ort und bekundeten ihre landesherrliche Gewalt durch öffentliche Hinrichtungen.

Grausame Strafgerichte der Fürsten machen dem Bauernaufstand ein dauerhaftes Ende.

Die Überlebenden wurden gezwungen, den Herren neu zu huldigen, also Treue und Gehorsam zu schwören. Sie mußten ihre Waffen abgeben und versprechen, nie mehr in ein Bündnis gegen die Obrigkeit einzutreten. Und schließlich wurden sie dazu verurteilt, den angerichteten Schaden zu ersetzen.
Jeder Haushalt mußte zwischen sechs und zehn Gulden bezahlen, also ungefähr 5 000 Mark. Außerdem wurden die Männer zum Wiederaufbau der zerstörten Burgen, Schlösser und Klöster verpflichtet. Allen Städten, die sich den Bauern angeschlossen hatten, wurden hohe Straf- und Bußgelder auferlegt. Auf diese Weise erhielt zum Beispiel der Kurfürst von Sachsen bis 1527 Einnahmen in Höhe von 100 000 Gulden. Das war etwa doppelt soviel wie die üblichen Jahreseinnahmen.
Der Fürstbischof von Würzburg verlangte von seinen Untertanen innerhalb von zwei Jahren 270 000 Gulden. Wie der Würzburger Stadtschreiber berichtete, waren diese Straf- und Bußgelder ein

gutes Geschäft: „So wurde jedoch manches Haus und Schloß weit, weit höher geschätzt, als es mit Grund und Boden wert gewesen. So daß manche für ihre alten, zerrissenen Rattennester hübsche neue Schlösser und Paläste bekamen."
Das Strafgericht der Fürsten sah recht unterschiedlich aus. Besonders grausam trieb es der Markgraf Kasimir in Franken. Manche Dörfer ließ er völlig ausplündern und abbrennen, andere verurteilte er zu hohen Sach- und Geldstrafen. In Kitzingen hatten die Bürger ihm ein Jahr zuvor zugerufen, sie wollten ihn nicht mehr sehen. Jetzt erklärte der Markgraf, daß er ihnen diesen Wunsch gern erfüllen würde, und ließ sechzig Bürgern die Augen ausstechen. Und achtzig Untertanen ließ er durch seinen Scharfrichter enthaupten. Auf diese Weise bestraften viele Fürsten ihre Untertanen. Andere waren etwas milder, und wieder andere überließen das Strafgericht dem Truchseß und seinem Heer. Dessen Henker rühmte sich, mit eigener Hand 1200 Köpfe abgeschlagen zu haben.
Wie viele Menschen im Verlauf des Krieges ihr Leben verloren haben, ist schwer zu sagen. Vermutlich gab es mehr als 100000 Tote. Nicht gezählt wurden die vielen Verstümmelten, die Frauen und Kinder, die elend zugrunde gingen. Dagegen kann die Summe der Straf- und Bußgelder nicht einmal annähernd geschätzt werden. Jedenfalls lasteten diese Schulden noch lange auf den Bauern und Bürgern. In einem Volkslied hieß es damals: „Was wir hatten, han wir verloren, nun sind wir arm."
Die Bauern und Bürger, Dörfer und Städte verloren auch alle Freiheiten, die sie durch ihre Anfangserfolge errungen hatten.

Alle Verträge, die sie mit der Obrigkeit abgeschlossen hatten, wurden für null und nichtig erklärt. Darauf drängte vor allem Georg Truchseß von Waldburg. Denn er und der Schwäbische Bund wollten die Menschen wehr- und rechtlos machen und sie so einschüchtern, daß sie sich nie wieder erheben würden.
Und tatsächlich sollte es dreihundert Jahre dauern, ehe die Bauern wieder den Mut hatten, sich gegen ihre Obrigkeit aufzulehnen. Erst in der Revolution von 1848/49 konnten sie endlich alle Ziele durchsetzen, für die sie schon 1525 eingetreten waren.

DIE FOLGEN DES BAUERNKRIEGS

Neben den unmittelbaren Auswirkungen wie zum Beispiel das brutale Strafgericht und die hohen Bußgelder hatte die Niederlage der Bauern auch noch andere Folgen.

Da viele Herren Angst vor einer weiteren Erhebung der Bauern hatten, kam es in wenigen Ländern zu Verbesserungen. Abgaben und Dienste wurden dort für die Zukunft schriftlich festgelegt und die meisten der Zwölf Artikel verwirklicht.
Nachteilig wirkte sich die Niederlage von 1525 für die Einführung der Reformation aus. Luther hatte durch seine Parteinahme für die Fürsten viele einfache Leute bitter enttäuscht. Statt den neuen Glauben zu begrüßen, lehnten sie ihn ab. Die eigentlichen Verlierer waren aber natürlich die Bauern. Ihre Dörfer wurden in ihren Freiheiten stark eingeschränkt, ihnen selbst wurde das Tragen von Waffen für die Zukunft grundsätzlich verboten.
Die Geringschätzung des Bauernstandes wurde durch den erfolglosen Aufstand noch verstärkt.
Viele Menschen betrachteten die Niederlage der Bauern als Gottesurteil, das zeigen sollte, daß sich der „gemeine Mann“ niemals wieder erheben durfte.

ZEITTAFEL

1437
Die „Reformatio Sigismundi" wird verbreitet.

Um 1450
Johann Gutenberg erfindet den Druck mit beweglichen Lettern, wodurch eine schnelle und weite Verbreitung von Flugblättern und Schriften möglich wird.

1476
Der „Prophet von Niklashausen" kritisiert die bestehenden Mißstände zum erstenmal in der Öffentlichkeit und wird dafür verbrannt.

1488
Der Schwäbische Bund wird gegründet.

1491
Aufstand der Bauern in Kempten im Allgäu.

1493
Aufstand der Bauern in Schlettstadt im Elsaß.

1502
Joß Fritz gründet einen Geheimbund, den „Bundschuh".

1514
Ein weiterer Bund der Unterdrückten, der „Arme Konrad", wird in Württemberg gegründet.

1517
Martin Luther verbreitet seine Thesen gegen den Ablaßhandel.

1520
Die Reformation setzt sich in Deutschland durch.

1524
Im **Juni** versammeln sich die Stühlinger Bauern, um gegen die Obrigkeit zu protestieren.

Im **Sommer** breitet sich der Bauernaufstand in Süddeutschland aus (Hegau, Klettgau, Breisgau).

Im **Dezember** bildet sich der „Baltringer Haufen".

1525
Im **Februar** werden die Zwölf Artikel verfaßt.
Mehrere Bauernhaufen sammeln sich.

Im **März** tagt das Bauernparlament in Memmingen.
Die Christliche Vereinigung wird gegründet.
Die Zwölf Artikel werden gedruckt und verbreitet.

Im **April** findet die Schlacht bei Leipheim statt.
Der „Neckartal-Odenwälder Haufen" wird gegründet.
Zwischen Georg Truchseß von Waldburg und dem „Seehaufen" wird der „Weingartener Vertrag" geschlossen.

Im **Mai** finden bei Böblingen und in Zabern blutige Schlachten zwischen den Bauern und den Truppen des Schwäbischen Bundes statt. Luther ergreift in einer Schrift die Partei der Fürsten.
Zur gleichen Zeit führt Thomas Müntzer die Thüringer Bauern an, die in der Schlacht bei Frankenhausen niedergeschlagen werden. Thomas Müntzer wird hingerichtet.
Inzwischen wird das Bauernparlament in Heilbronn aufgelöst.
Auch in Tirol in Österreich kommt es zu Bauernaufständen.

Im **Juni** und **Juli** werden die Bauernhaufen in Deutschland unterworfen und aufgelöst.

Im **November** werden auch die österreichischen Bauern unterworfen.

KLEINES LEXIKON

Abdecker
Person, die Tierkadaver vernichtet oder verwertet.

Ablaßhandel
Ablaß ist eine Bezeichnung der katholischen Kirche für die Vergebung von Sünden durch gute Werke oder Gebete. Um 1500 konnte man diese Vergebung auch durch Geld erreichen.

Abt
Vorsteher eines Klosters.

Albrecht von Brandenburg
1490–1525, Erzbischof von Mainz, erlaubte den Ablaßhandel.

Allgemeines Wahlrecht
Berechtigung, daß jeder – unabhängig von seinem Einkommen, seinem Stand oder seinem Geschlecht – wählen kann und jede Stimme gleich viel zählt.

Altes Recht
Recht der Bauern, das auf Gewohnheit beruhte und oft nicht schriftlich festgelegt war.

Bänkelsänger
Sänger, die ihre Lieder mit Hilfe von Bildtafeln veranschaulichen.

Bischof
Leitender Geistlicher von christlichen Gemeinden, der gewählt oder vom Papst ernannt werden kann.

Bistum
Ein Gebiet mit einer Gemeinschaft von Gläubigen, dem ein Bischof vorsteht.

Buchdruck
Gutenberg erfand um 1450 den Buchdruck mit beweglichen Lettern, durch den man Bücher maschinell herstellen konnte. Bis dahin mußten alle Texte mühsam mit der Hand geschrieben werden.

Bürger
Um 1500 der freie Bewohner einer Stadt, der auch wählen durfte.

Bundesheer
Heer des Schwäbischen Bundes.

Christliche Demokratie
Gemeinschaft, in der demokratische Grundsätze, wie zum Beispiel Beteiligung der Bürger an Entscheidungen, Gleichheit aller vor dem Gesetz, gekoppelt sind mit dem Ziel, die Grundsätze des Evangeliums auf das tägliche Leben zu übertragen.

Daumenschrauben
Folterwerkzeug zum Quetschen der Daumen.

Demokratische Gesellschaft
Gesellschaft, in der demokratische Grundsätze wie Beteiligung der Bürger an Entscheidungen oder Gleichheit aller vor dem Gesetz verwirklicht sind.

Dukaten
Weitverbreitete Goldmünze.

Leonhard von Eck
Um 1480–1550, bayerischer Kanzler, der sich gegen eine friedliche Verständigung mit den Bauern aussprach.

Eidgenossen
Bezeichnung für die Bewohner der Schweiz.

Eigenleute
Leibeigene des Königs.

Elle
Längenmaß zwischen 55 und 70 Zentimeter, entspricht in etwa der Länge des Unterarms.

Erbrecht
Recht der (Hof-)Vererbung. In der Regel wird der Hof an den ältesten Sohn weitergegeben oder zwischen allen Kindern gleichmäßig aufgeteilt.

Fähnrich
Truppenführer in der Zeit des Bauernkriegs.

Freie Reichsstadt
Stadt, die nur dem König oder dem Kaiser – also keinem Fürsten oder Grafen – unterstand.

Friedrich von Sachsen
1463–1525, Kurfürst von Sachsen, der Luther gegen seine Feinde Schutz gewährte. Er hatte zunächst Sympathien für die Forderungen der Bauern, stellte sich schließlich aber gegen sie.

Fron, Fronarbeit, Frondienste
Dienste, die die Herrschaft den Bauern abverlangte, wie zum Beispiel Ernten des herrschaftlichen Getreides oder Ausbessern der Wege.

Fürsten
Bezeichnung für die höchste Schicht des Adels. Fürsten stehen in der Reihenfolge gleich hinter Kaiser und König.

Fürstabt
Abt im Rang eines Fürsten, zum Beispiel der Fürstabt von Kempten.

Fürstbischof
Bischof im Rang eines Fürsten, zum Beispiel der Fürstbischof von Würzburg.

Fugger
Augsburger Kaufmannsfamilie. Die Fugger waren zur Zeit des Bauernkriegs eine der reichsten Familien der Welt.

Geistliches Gericht
Viele Bauern wurden, wenn sie bei ihren kirchlichen Grundherren verschuldet waren, vor ein geistliches Gericht gestellt und oft dazu verurteilt, keine Gottesdienste mehr besuchen zu dürfen – eine für die damalige Zeit sehr schwere Strafe. Die Bauern forderten daher, daß sich die geistlichen Gerichte nicht mehr um weltliche Angelegenheiten kümmern sollten.

Graf
Bezeichnung für eine Adelsschicht, die in der Reihenfolge hinter den Fürsten steht.

Grundherrschaft
Landwirtschftlicher Großgrundbesitz, bei dem das herrschaftliche Land an Bauern verteilt wurde. Die Bauern leisteten dafür Abgaben in Form von Geld oder Nahrungsmitteln und erbrachten Frondienste. Der Grundherr gewährte ihnen dafür Schutz und Unterstützung in Notzeiten.

Gült
Abgabe in Form von Nahrungsmitteln.

Gulden
Eine besonders in Österreich, Franken und dem Rheinland verbreitete Münze, die 1871 durch die Mark abgelöst wurde.

Hegau
Gebiet in Südwestdeutschland zwischen Bodensee und den südwestlichen Ausläufern der Schwäbischen Alb.

Heiliges Römisches Reich (Deutscher Nation)
Bezeichnung für den Herrschaftsbereich des Kaisers vom Mittelalter bis 1806. Der Name deutet an, daß sich dieses Reich als Nachfolger des im Jahr 476 untergegangenen Römischen Reiches betrachtete.

Der Zusatz „Deutscher Nation“ wurde nur von 1486 bis 1550 verwendet.

Herold
Kurier und Beobachter, der außerdem in der Wappenkunde sehr gut Bescheid wußte.

Herzog
Bezeichnung für einen Hochadeligen im Rang eines Fürsten.

Hofstetter
Mächtiges deutsches Bankhaus um 1500.

Kaiser
Höchster weltlicher Herrschertitel, abgeleitet von „Caesar“. 476 in Rom erloschen, lebte der Titel unter Karl dem Großen wieder auf.

Karl V.
1500–1558, seit 1516 spanischer König, wurde 1519 Nachfolger von Maximilian I. in Deutschland. 1530 wurde er zum Kaiser gekrönt. Er entschied sich 1521 nach Anhörung Luthers in Worms gegen die Reformation.

Karl der Große
747–814, seit 768 fränkischer König. Er ließ sich im Jahr 800 zum Kaiser krönen und errichtete damit das Heilige Römische Reich.

Ketzerei
Schwerwiegende Abweichung vom christlichen Glauben.

Klettgau
Landschaft zwischen dem südlichen Schwarzwald und den südwestlichen Ausläufern der Schwäbischen Alb.

Korn-Zehnt
Der zehnte Teil der Getreideernte, der an den Herrn abgegeben werden mußte.

Kürschner
Pelzverarbeiter.

Kurfürst
Bezeichnung für einen der sieben Fürsten, die den Kaiser wählten („kürten“).

Laie
Hier: Angehöriger der katholischen Kirche, der nicht zur Geistlichkeit gehörte.

Landfrieden
Bis zum Ende des Mittelalters hatten einzelne Stände oder Personen in Deutschland das Recht auf bewaffnete Selbsthilfe. Daraus ergaben sich viele kriegerische Auseinandersetzungen. Um sich davor zu schützen, verkündeten die Stände eines bestimmten Gebietes den sogenannten Landfrieden, der das Recht auf Selbsthilfe ausschaltete.

Landsknecht
Bezeichnung für Söldner, die angeworben wurden und zu Fuß kämpften.

Landtag
Versammlung der Stände in den einzelnen Ländern des Heiligen Römischen Reiches. Neben Geistlichen, Adeligen und Städten konnten manchmal auch Bauern an den Landtagen teilnehmen. Ein Landtag wurde vom Landesherrn in der Regel zur Genehmigung von Steuern einberufen.

Martin Luther
1483–1546. Luther war urspünglich Mönch gewesen. Mit den von ihm aufgestellten 95 Thesen gegen den Ablaßhandel begann 1517 die Reformation in Deutschland. Luther betrachtete die Forderungen der Bauern anfangs mit Wohlwollen, unterstützte aber später die Fürsten, als die Bauern ihre Ziele mit Gewalt durchsetzen wollten.

Marschall
Oberbefehlshaber im Krieg. Im Frieden war er für die Pferde und die Unterkunft des kaiserlichen oder adeligen Hofes zuständig.

Maximilian I.
1459–1519, Maximilian war seit 1468 König, seit 1508 Kaiser. Unter seiner Herrschaft und gegen seinen Willen setzte die Reformation in Deutschland ein.

Minnesänger
Fahrende Sänger in der Zeit zwischen 1150 und 1400, die von Hof zu Hof zogen und ihre Lieder vortrugen.

Mittelalter
Bezeichnet den Zeitraum zwischen Altertum und Neuzeit. Der Beginn des Mittelalters wird in der Regel um 500 angesetzt, das Ende um 1500.

Molke
Bei der Herstellung von Käse zurückbleibende Flüssigkeit, auch Käsewasser genannt.

Morgen
Altes Flächenmaß, das diejenige Fläche bezeichnete, die man an einem Tag umpflügen konnte: zwischen 2500 und 3900 Quadratmeter.

Thomas Müntzer
Um 1490–1525, evangelischer Theologe, der das Reich Gottes auf Erden verwirklichen wollte. Er trat für die Bauern ein und war ein Gegner Luthers. Als Bauernführer wurde er von den Fürsten im Mai 1525 hingerichtet.

Obrigkeit
Allgemeine Bezeichnung für die Regierenden in der ständischen Gesellschaftsordnung.

Pachtzinsen
Geldabgabe für das Pachten eines Grundstücks.

Pfaffe
Abschätzig für: Geistlicher.

Propst
Nach dem Abt der zweite Vorsteher eines Klosters.

Quacksalber
Abschätzig für: Arzt.

Ranft
Anderer Ausdruck für: Brotkanten.

Raubritter
Verarmte Ritter, die durch Raub und Erpressung ihren gesellschaftlichen Rang zu erhalten suchten.

Rechtssystem
Gesamtheit von Gesetzen, Verordnungen und Gerichtsurteilen. Durch sie soll das Zusammenleben möglichst konfliktfrei geregelt werden.

Reformation
Religiöse Bewegung, die durch Luther im Jahr 1517 ausgelöst wurde. Die Reformation wandte sich gegen die vielen Mißstände in der Kirche, wie zum Beispiel den Ablaßhandel, und führte zur Spaltung in die römisch-katholische und die evangelische Kirche.

Regiment
Truppenteil einer Waffengattung.
Hier: gleichbedeutend mit Stadtrat.

Reichsreform
Bezeichnung für die Bemühungen, die Verfassung des Heiligen Römischen Reiches umzuändern. Der Erfolg dieser Bemühungen war die Verkündigung eines „Ewigen Landfriedens“ und die Einführung einer ständigen Reichssteuer im Jahr 1495.

Reichstag
Vertretung der deutschen Reichsstände gegenüber dem Kaiser. Mitglieder des Reichstags waren die Kurfürsten, die Reichsfürsten und die Reichsstädte. Ihre Aufgaben bestanden zum Beispiel in der Erhebung von Steuern oder in der Entscheidung über Krieg und Frieden.

Renten
Bis 1850: bäuerliche Abgaben von Geld und Nahrungsmitteln.

Ritter
Ursprünglich umfaßte der Begriff „Ritter“ alle Adeligen. Um 1500 bezeichnete er nur noch die untere Schicht des Adels.

Römisches Recht
Bezeichnung für das Recht des antiken Römischen Reiches. Dieses Recht wurde am Ende des Mittelalters wiederentdeckt und diente als Grundlage für viele Gesetzbücher. Das Römische Recht war im Gegensatz zum Alten Recht einheitlich und schriftlich festgelegt. Es konnte nicht mehr von Laien, sondern nur von ausgebildeten Richtern gesprochen werden.

Hans Sachs
1494–1576, Dichter und Schuhmacher aus Nürnberg.

Schotten
Anderer Ausdruck für: Molke.

Sintflut
Nach der biblischen Vorstellung eine gewaltige Flut, die das ganze Menschengeschlecht auslöscht.

Söldner
Krieger, der gegen Bezahlung bei einem fremden Heer dient.

Sonderrechte
Rechte, die nur einer bestimmten Personengruppe zustehen.

Spanischer Stiefel
Foltergerät zum Quetschen der Wade.

Stand
Bezeichnung für die Mitglieder einer gesellschaftlichen Gruppe, die sich durch Abstammung, Rechte und Pflichten von anderen Gruppen abgrenzen. Für das Mittelalter unterschied man drei Stände: Klerus, Adel und Volk. Manchmal wurde auch zwischen den Bürgern als dem dritten Stand und den Bauern als dem vierten Stand unterschieden.

Steuersystem
Bezeichnung für die Gesamtheit von Abgaben, die von Staat oder Ländern einzelnen Personen zwangsweise auferlegt werden können.

Stiftskirche
Kirche, die mit einem gestifteten Vermögen ausgestattet und damit wirtschaftlich abgesichert ist.

Streckbank
Folterwerkzeug zum langsamen Strecken von Armen und Beinen.

Symbol
Ein wahrnehmbares Zeichen, das stellvertretend für etwas nicht Wahrnehmbares oder Gedachtes steht. So war zum Beispiel der Bundschuh Symbol für Zusammengehörigkeit und den Mut, für Freiheit und Recht einzutreten.

These
Leitsatz, der als Ausgangspunkt für eine nähere Beweisführung dient.

Untertan
Staatsangehöriger, der einem Landesherrn unterworfen ist.

Verfassung
Gesamtheit aller Regeln über die Staatsform (zum Beispiel Demokratie), die Leitung des Staates (zum Beispiel Regierung)

sowie über Bildung und Aufgaben der obersten Staatsorgane (zum Beispiel Ständeversammlung). Die Verfassung beschreibt auch die Grundrechte der Menschen. Sie ist als Gesetz schriftlich niedergelegt.

Verwaltung
Nur bestimmte Stellen (zum Beispiel Länder, Gemeinden) dürfen öffentliche Aufgaben (zum Beispiel Straßenbau) wahrnehmen. Zu diesem Zweck werden von ihnen Organe geschaffen, die sich um diese Angelegenheiten kümmern. Die Gesamtheit dieser Organe sowie ihre Tätigkeit wird als Verwaltung bezeichnet. Gegen den Aufbau einer Verwaltung protestierten viele Bauern. Sie sahen dadurch ihre Abhängigkeit von der Obrigkeit noch weiter verstärkt.

Volksversammlung
Zusammentreten aller stimmberechtigten Bürger eines Staates.

Georg Truchseß von Waldburg
1488–1531, Hauptmann des Schwäbischen Bundes. Mit seinem Bundesheer warf er die Bauern in vielen Schlachten grausam nieder.

Welser
Familie in Augsburg, die durch Handel und Bankgeschäfte sehr reich geworden war.

Zehnt
Abgabe von Nahrungsmitteln, die den zehnten Teil der Ernte ausmachten.

Zins
Abgabe von Geld an den Herrn.

Zölle
Vom Staat erhobene Steuern auf eine Ware beim Überschreiten einer Grenze. Um 1500 gab es mehrere hundert Landesherren, darunter viele Klöster oder kleine Ritter, die Zölle erheben durften.

LITERATURVERZEICHNIS

In diesem Buch findet ihr einige Originaltexte, die von der Redaktion zum Teil sprachlich verändert oder stark gekürzt wurden, damit sie verständlicher werden. Diese Änderungen wurden im Text nicht angegeben.

Folgende Bücher wurden für die Bearbeitung dieses historischen Themas verwendet:

Peter Blickle, Die Revolution von 1525. München/Wien 1981, 2. Aufl.
Otto Borst, Alltagsleben im Mittelalter. Frankfurt 1983
Karl Brunner/Gerhard Jaritz, Landherr, Bauer, Ackerknecht. Graz/Wien 1985
Horst Buszello/Peter Blickle/Rudolf Endres (Hg.), Der deutsche Bauernkrieg. Paderborn 1984
Günther Franz, Der deutsche Bauernkrieg. Darmstadt 1965, 7. Aufl.
Günther Franz, Quellen zur Geschichte des Bauernkrieges. Darmstadt 1963
Leo Sievers, Revolution in Deutschland – Geschichte der Bauernkriege. Stuttgart 1978
Werner Rösener, Bauern im Mittelalter. München 1985
Adolf Waas, Die Bauern im Kampf um Gerechtigkeit 1300–1525. München 1964
Hans-Ulrich Wehler (Hg.), Der deutsche Bauernkrieg 1524–1526. Göttingen 1975
Rainer Wohlfeil (Hg.), Der Bauernkrieg 1524–1526. Bauernkrieg und Reformation. München 1975
Wilhelm Zimmermann, Der große deutsche Bauernkrieg. Berlin 1978, 5. Aufl.

Wer sich weiter über den Bauernkrieg informieren möchte, sollte das Bauernkriegsmuseum in Böblingen, die Lutherhalle in Wittenberg oder das Bauernkriegs-Panorama Bad Frankenhausen besuchen.

Kassel
Fulda
Hersfeld
Fulda
Frankfurt
Mainz
Aschaffenburg
Main
Würzbu
Miltenberg
Tauber-
bischofs-
heim
Amorbach
Sulzdo
Königshofen
Buchen
Mergentheim
Worms
Neckar
Speyer
Neckarsulm
Weinsberg
Heilbronn
Rhein
Bruchsal
Untergrombach
Weißenburg
BADEN
WÜRTTEM
Gaildorf
Pforzheim
Stuttgart
Beutels-
bach
Schorndorf
Hagenau
Zabern
Sindelfingen
Böblingen
Straßburg
Herrenberg
SCHWABEN
ELSASS
Schlettstadt
Lauphe
Colmar
Baltring
Breisach
Freiburg
Waldsee
Wurzach
Bonndorf
Stühlingen
Hilzingen
Überlingen
Radolfzell
Wein-
garten
Wolfeg
Waldshut
Lindau